©2023, Cliquesad
Édition : BoD - Books on Demand, info@bod.fr

Impression : BoD - Books on Demand, In de Tarpen 42, Norderstedt (Allemagne)

Impression à la demande
ISBN : 978-2-3220-8063-2
Dépôt légal : avril 2023

Cliquesad

CONNEXIONS

Nouvelles poétiques

I - PRESSION

verbal

Les marteau-piqueurs me réveillent à huit heures, le soleil traverse la chambre, je sors du putain de lit. La journée démarre péniblement, mon crâne me fait mal, terriblement. Bon, aspirine diluée, un demi-litre de café, j'écris un peu puis je sors dehors. Faut aller vite, mais j'évolue difficilement à travers les éléments du décor urbain, dans ma tête c'est le chaos, les pensées se fracassent comme la vague sur le rocher, comme les tessons de bouteilles. C'est ça qu'on appelle la cuite, la vraie. Je fronce les sourcils, je souris à l'envers sous le masque, j'évite la contamination. C'est comme ça que j'avance tu sais, je prohibe la stagnation même si parfois je crois que je régresse, je continue de mener la lutte, tout en étant un atome dans l'économie, j'essaie de pas trop m'affaiblir avec la merde qu'on nous fait bouffer tous les jours. Sous le soleil implacable passent les chats sales des rues, quartier merdique et loyer élevé, je veux pas trop me poser de questions là, je marche encore, j'ai l'impression d'être au ralenti pendant que la planète tourne sur elle-même, enlisée dans sa propre merde. Des clochards m'interpellent pour que je lâche deux ou trois pièces, des marginaux aux drôles de mutilations, je lâche rien j'ai qu'un billet bleu. À deux pas les motivés attendent un désistement devant le centre de vaccination. Des fois j'ai des absences, mon esprit part dans les astres et mon corps bouge tout seul, puis quand je reviens rien n'a changé, tourner en rond c'est faire du surplace.

Le parcours est ponctué d'obstacles, j'achète un briquet, il est jaune mais peu importe, le buraliste est malpoli, j'y comprends rien à comment fonctionnent les gens moi, à leurs côtés je suis mal à l'aise pourtant j'ai besoin de leur présence. Toujours la migraine qui me remplit le crâne, j'ai les yeux rougis par le whisky de la veille, de quand j'étais allongé sur le carrelage glacé de la cuisine et que j'avais l'impression que j'étais mort. Sous la veste je sens les traces de griffures dans mon dos, les chenapans se baignent dans la fontaine publique, sur le monument aux morts les pigeons chient, bref je fais mon chemin dans les rues étroites, ça ressemble à un jour normal.

J'ai accepté que très peu de décisions m'appartiennent et que les sillons qui nourrissent le monde soient corrompus, avec de l'argent, de l'ambition, avec de la poudre aux yeux. Je resterai pas sans rien faire, et dès que j'aurai assez de sous je les sortirai de la banque, je m'offrirai un petit panorama, avec de l'huile d'olive et des verres polarisés. Loin de l'inflation. En attendant je navigue, entre l'esclavage moderne, les théories du complot, les politiciens véreux, les animaux qui crèvent la gorge remplie de pétrole, la publicité, l'argent sale qui passe d'une poche à l'autre, le soleil de plomb, le poids écrasant de la gravité terrestre, tout ça si près et si loin, j'essaie de faire des efforts. J'accumule les secondes et les années jusqu'à ce qu'elles s'effondrent et qu'après je suis mort, je garde ça en tête et je fais mon chemin, soldat de l'ivresse je crains pas le trépas. Je m'arrête à l'angle pour observer cette dystopie tout à fait banale, asservissement calme, valeurs aseptisées, il va falloir se vendre afin d'amasser un maigre bénéfice. La vie nous boxera. Va falloir pas trop se faire marave. Les choses je les supporte moins ces derniers temps, et quand je traverse la route je regarde que devant moi, en espérant que le bus m'écrase.

Ça commence bien. Mais bon j'ai des remèdes quand même, tu sais comment je fais ? Le stylo dans une main et la feuille dans l'autre, je crée de l'éternité, noyée pour toujours dans l'océan d'informations qui nous vomit dessus du matin au soir. J'ai noirci des pages. Vidé les Bics. J'espère que t'es prêt.

crocodile

Ces temps-ci c'est pas trop la forme, je porte toujours les mêmes vêtements comme si c'était mon uniforme. J'ai en moi co co colère, incapable de contrôler quoi que ce soit, je cours comme les personnages de cartoons : dans le vide. J'ai plongé dans le système sans me boucher le nez, et j'évolue dans le trouble, les sables mouvants du quotidien. La routine de la vie d'adulte c'est un tourbillon, c'est comme si t'es pas libre. C'est un mal trop banal qu'il faut éviter à tout prix, pourtant j'y suis dedans comme dans un bain d'huile. Alors quand je rentre le soir, j'enchaîne les bières fortes, je regarde *Elephant*, et puis je me pose des questions. J'essaie d'oublier le concret pour me concentrer sur l'essentiel. Je sais pas si mon avenir est déjà tout tracé ou si je vais devoir l'écrire, avec de la sueur et du sang, avec des larmes de crocodile. Tout sera une question de choix, sûrement. Est-ce que j'entrerai dans la banque avec le six coups et le sac, ou avec le costard et le chèque ?

Je patiente, mais j'attendrai pas en vain, cette société me donne la nausée, j'ai besoin de soleil, de sincérité, je veux la plus belle, je veux que le béton fleurisse pour une fois, que les aveugles voient.

Et de nos jours, tout le monde est aveugle, tu peux me croire, moi-même je me cogne sans cesse aux obstacles de la vie, j'essaie de pas refaire les mêmes erreurs et je les refais, les vices m'enlacent, parce que je suis qu'un putain d'humain, un code-barres qui respire. Et le béton il fleurira pas, il restera tout gris.

J'en viens à me dire que l'avenir est invisible, là, dans un terrain vague, et qu'il faut lui donner forme, le construire brique par brique, en s'appliquant bien pour pas qu'il soit nul à chier. Facile à dire ça. L'idée fait envie. Mais moi je fais qu'attendre la gueule ouverte sans bouger, j'y connais rien en construction, en bricolage, j'ai pas les outils. Moi je sais qu'écrire.

Sur la table les traces de bouteilles se multiplient. Par la fenêtre les étourneaux s'envolent vers le soleil couchant, il les emporte dans sa chute, et moi avec. C'est facile de se dire qu'on va juste vivre, ça se passe jamais comme ça. Derrière la fenêtre refroidie par l'automne qui éclôt, je m'assombris. Encore une journée de froissée, un brouillon. Un peu triste, un peu remplie mais un peu vide. Loin du chantier.

personnage principal

Capuché, cerné jusqu'à la rétine, je déambule entre les rayons inhospitaliers du supermarché. Et j'ai pas fait les choses à moitié : j'ai pris un chariot. Chez moi le frigo est vide, alors tu comprends à certains moments faut faire des sacrifices et venir perdre son temps ici, entre les promos, les dégustations de jambon, les publicités aguichantes et toute la merde que tu voudras bien payer. À mesure que j'avance entre les allées je m'encombre de trucs inutiles. Le schéma est classique.

Les étals de boucherie sont parsemés de bouts de bidoche, morceaux de cadavres soigneusement disposés pour donner faim. Le boucher moustachu, toujours à l'œuvre, nettoie son hachoir. Il me regarde. Au détour d'une allée une armée pachidermique m'envahit, enragée, prête à s'engouffrer dans le rayon des conserves. Ça bouscule et ça râle. Les chariots s'entrechoquent. Acculé, je respire des haleines peu plaisantes dont l'âcre parfum est plein de lassitude et de routine mortelle. La sueur se répand sur les vêtements bon marché, les pas sont lents et monotones. La fraîcheur industrielle du rayon surgelés, la moisissure fermentée de la fromagerie, le mélange de senteurs douces et toxiques des lessives, l'odeur du trop propre, du désinfecté. Cette atmosphère étouffante me comprime le sternum.

Rapidement je me demande ce que je fous là. Je marche dans l'ordre, comme si je suivais docilement les rails d'un itinéraire programmé, sérieux j'ai l'impression d'être un automate.

Je suis vraiment humain, ou alors une erreur de la nature ? Ou les deux ? Qui je suis, je vais te le dire moi. Je suis dans les magasins, dans les files d'attentes, les embouteillages, les transports, les passages piétons, les Starbucks, les stations-essence, les bowlings, je suis dans les faits divers et dans les boucheries, je suis dans les commentaires Youtube et dans les bulletins de vote, je suis dans les poches profondes de la Française des jeux, je chie je rote et ça me convient, je suis partout et aussi nulle part : c'est moi le connard moderne.

Mais trêve de futilités, aujourd'hui y a plus de je suis, y a plus le verbe être, aujourd'hui, je remplis le compte et puis j'achète. Peut-être que j'exagère ? Arrive pourtant le moment tant redouté mais si fatidique de la caisse, et sa pénible file d'attente. Sortez les cartes de fidélité, brandissez-les comme des fanions fraternels. Dégainez vos promotions et vos avantages client, vos petites vignettes, pour douze yaourts achetés y en a six offerts avec en prime le sexe veineux et bandé du système capitaliste. Je pose les articles sur le tapis crasseux. La bouteille de gin fait glouglou. La caissière me sourit à l'envers. Faut la comprendre, c'est en enfer qu'elle travaille, qu'elle passe une partie conséquente de son temps, alors que ses jours sont comptés, que chaque minute écoulée ronge peu à peu sa jauge de vie et que dans pas si longtemps, elle mourra. Normal qu'elle ait le seum. Mais peu importe.

Ma carte passe pas, c'est pas étonnant. J'ai atteint ce que la banque appelle « le plafond », et c'est plein de toiles d'araignées. J'ai plus qu'un billet de 10. Je pourrai pas tout prendre, va falloir faire des choix. Je procède pas par élimination ni par logique, j'enlève tous les trucs utiles, je garde que l'alcool et les nouilles instantanées. La caissière me juge pas, elle en a rien à foutre.

En sortant je retrouve l'air crépusculaire. Devant moi s'étend le ciel tiède, parcouru de taches violacées, je perçois les vibrations de la ville qui défait sa ceinture après une longue journée de travail. Je suis en vacances mais j'ai plus un rond, on est à peine le 15. Je veux que le monde aille se faire enculer. Que je rentre dans ma fusée et que je me casse loin, parcourant les régions inconnues de la Voie Lactée à la recherche d'astres plus chaleureux. Jamais je reviendrais. Sauf peut-être quand j'aurais plus de gin.

dorsaux

On me dit détends-toi, prends des trucs, je me mets à trembler nerveusement, je remplis des pages en vain en écoutant en boucle les mêmes morceaux, je titube avec les yeux rouges au milieu des chiens errants et des vautours, sous les briques et les nuages bas. Noctambule déprimé, à contre-courant, je rentre dans aucune case, aucune que je coche, et le coche ça fait longtemps que je l'ai raté.

Étrange quotidien, non ? C'est marrant la vie. Quand je suis arrivé dedans, nourrisson inadapté, ça allait, j'avais de la tolérance, puis j'ai vite compris que c'était pas ouf. Vingt ans plus tard, ivre au creux de la nuit noire, je balance la bouteille de rhum dans la rivière polluée. Je laisse couler le verre, je retiens les larmes, et hier soir j'ai parcouru la ville plein de détresse en cherchant je sais pas trop quoi. Mais c'est pas si étonnant au final. Coincé depuis toujours dans les engrenages inévitables de ce siècle angoissant, j'ai mal partout. J'essaierai pas de changer ma nature, je sais qu'un chien crèvera toujours parmi les loups. Alors je fais comme tous les jeunes aujourd'hui, je laisse mes problèmes m'envahir. Je me détruis. Voilà le tableau. Pétage de plombs dans une ruelle sale, des vacances, des chiens qui aboient et la pleine lune en gros plan, voilà le tableau bordel, voilà enfin l'ambiance que j'attendais pour profiter de la vie.

Aujourd'hui, l'angoisse est retombée, un peu. Elle a laissé la place au silence plat. Au rien. Il fait déjà nuit quand je rentre des courses. Les murs sont tapissés de la lueur orangée des réverbères qui passe par la fenêtre ouverte. Sur la table les livres entassés prennent la poussière, ils attendent que quelqu'un les lise. Mais j'ai arrêté les trucs comme ça. J'ai l'impression que ça me fragilise. J'ai tu quelques temps les hurlements de mon cœur pour alléger mes dorsaux, en essayant d'être insensible.

Cet appartement était comme un cocon, il me permettait de me retirer un peu des activités du dehors qui parfois m'empoisonnent. Mais maintenant j'y ramène trop d'effluves négatives, de la tristesse, un peu de haine, des relents d'amertume. Ça décolle la peinture du plafond. Ça diminue le cachet. Maintenant il me sert plus qu'à y dormir. Les phares des voitures qui passent en bas balaient de temps à autre les murs vides. Ambiance lourde, menaçante.

Alors que la journée s'achève, je fais chauffer la bouffe et je pense au sens de la vie devant les Simpsons. Je pense aux êtres humains qui sont que des charpentes vides, dépourvues de toute lueur, du moindre soubresaut, petits morceaux de chair au monitoring silencieux. Ça me déprime vite fait. Et puis j'arrête d'y penser. On en a rien à branler de tout ça. Je finis mes nouilles pendant qu'Homer étrangle Bart. J'ai plus faim.

graille

D'ailleurs la bouffe, parlons-en. Moi je garde mon pain tout près de moi, et j'aime pas trop qu'on s'approche de mon assiette. La nourriture ça représente assez bien les travers de la société, voilà ce que je me dis en dégommant la gaufre assis sur un banc. Les sucres, les graisses, ça vient pourrir ton organisme chaque jour, ça s'agglutine filandreusement autour de ton cœur jusqu'à le recouvrir, comme si on l'avait fait tomber dans un pot de miel. Ça vient racler les parois déjà rugueuses de ton intestin, partout ça fait des petits trous, là-dedans ça devient rouge, ça s'enflamme. Tout se pourrit à l'intérieur, au fil du temps, à force que t'y entasses une quantité colossale de merde, un amas délétère dont tu ignores la composition. Et puis tes dents elles jaunissent, elles s'effritent à cause des agrégats informes qui viennent se coller autour, et elles finissent par se déchausser, comme si elles avaient des chaussures. T'as regardé ce qu'y avait dans ton plat avant de le bouffer ? T'as compris c'était quoi ? C'est le poison, la putain de merdasse infâme et anesthésiante servie par le consumérisme, c'est la bouillasse abrutissante vendue par le monde publicitaire. Et toute la société est régie comme ça, pour te faire gagner du temps, pour que tu dépenses plus, pour que ça t'excite un peu les papilles. T'y deviens accro sans même t'en rendre compte. C'est comme ça que le monde marche, très vite, à base de sucres rapides, et moi j'arrive plus à le suivre.

À force de trop y penser, ça commence à me dégoûter pour de vrai, maintenant je regarde ma gaufre comme si j'avais dans la main une merde de chien saupoudrée de sucre glace. Pendant quelques instants je la dévisage. Je finis par la jeter, de toute façon j'ai des maux de ventre. Ça fait trop de mal, comme tout ce qui est bon. C'est une sorte de règle, je crois. Cette fois c'est les rats qui en profiteront, ou les pigeons.

Il vaut mieux que j'aille au resto gastronomique, avec serviettes en tissu et petites verrines bien propres. Des œufs de truite, de la dorade royale de Méditerranée accompagnée de ses jeunes courgettes. Et je terminerai par un cake au yuzu, surmonté d'éclats irréguliers de pistaches. De la cuisine avec une âme. Je me fais des illusions évidemment. Je me suis cru dans Ratatouille, avec les feux d'artifices et tout. J'ai pas trois jours de salaire à claquer là-dedans.

Non, je vais rentrer et manger de la bière plutôt. Quitte à me détruire, autant qu'il y ait un peu d'euphorie. Quitte à mourir, autant que ça soit avec le sourire. Et surtout, autant que je sache pourquoi.

crise

L'optimisme, c'est discutable. Tout dépend de comment tu veux écrire la vie.

J'ai décidé de voir le verre complètement vide. J'ai décidé de boire la Sobieski au goulot. Je sors dans la ville et au boulot. Je traverse la plus grande artère. L'après-midi touche à sa fin, j'ai travaillé tout le matin afin de remplir mes poches, mon œil est terne, tout est moche. Partout en couleurs la publicité me matraque sa merde, à côté les clochards me crient dessus des mots déformés par le crack, les trafiquants démarrent le Audi et dans les impasses, les connards suants assis sur leur chaise tabassent leurs pitbulls. Je me demande ce que je vais trouver au prochain carrefour, un feu rouge, le sens de la vie, la plus belle. Une artère de plus.

J'entre dans le parking souterrain, ça pue la pisse et la poussière, le passage. Je passe devant des voitures de luxe, des bolides scintillants et bien propres, plus classes que le mien, et de loin. J'aurai cette Lexus dans mon garage un jour, je te promets. J'aurai même mieux. Ça fait pitié les idéaux modernes, c'est de la merde, grave de la merde. Tous nos espoirs sont dans les parkings.

Mais celui-ci me sert juste de raccourci, je fais tout à pied. Je fais mon chemin à travers la ville et la vie sous l'œil inquiet de la lune naissante.

C'est l'histoire d'un parcours. Un parcours tortueux, pénible, et peut-être que tu te reconnaîtras dedans. Peut-être qu'il y aura une petite connexion, et que tout ça ne sera pas vain. On vit une drôle d'époque, je sais. Les relations sont fades et s'écroulent si facilement, sur le sol y a plus de crachats que de dalles qui s'allument, et y a partout la mélancolie qui fait comme un nuage bleu. On sort tous masqués comme des braqueurs, on a tous le petit vide le soir dans nos cœurs, seuls chez nous quand le regard des autres s'est tu. On se trompe de direction, et parfois on fait même semblant d'y croire. L'histoire est là. Je marche dedans. Et toi aussi.

Je suis déconnecté, je suis ailleurs, ça se voit parfois quand mes yeux clignent plus de l'autre côté du pare-brise, quand je retrouve plus ma voiture sur le parking d'Auchan. La 5G me suit partout, les applications me connaissent par cœur. Et on est tous pareils, tous les soirs on se parle à distance depuis nos chambres si sombres, mais qu'est-ce qu'on est seuls bordel. On est loin de nos propres sentiments du coup on en souffre, on est loin des vrais trucs parce qu'on nous les a cachés. Des fois j'ai l'impression que la plupart de nos maux, à nous, les jeunes être perdus, ça vient du trop plein d'esprit, de l'hyper-réflexion, de l'excès de relativisme. C'est de la spontanéité qu'il nous faut. Faire bouillir le jus dans nos veines.

Mais je raconte quoi, je divague. J'ai Népal

dans les filaires. Là-bas les oiseaux chient, un nuage en forme de dragon me scrute, inerte. Je vais me tapir dans le fond du bar, loin des artères, et boire trois ou quatre pintes pour m'alléger l'esprit. Après quelques verres le décor sera flou. L'ivresse calmera un temps l'agitation douloureuse de mon cerveau, la colère aussi. Je finirai par y prendre la poussière, par devenir tout vaporeux à cause de l'alcool, et on me verra plus. Voilà le programme. Atténuer la crise. Quelque part pas loin de là je sais que celle aux cheveux noirs parcourt son chemin de vie. Rien n'est sous contrôle, plus besoin de s'en faire.

    Il fait froid quand même, j'avais pas prévu. Dehors il fait nuit. Dans mon cœur il fait nuit.

l'artiste

Je sors du travail, une longue journée, qui s'est étirée douloureusement, précédée de trois heures de sommeil. Tu sais ce que c'est, sortir du travail. C'est comme sortir les poubelles : tu t'es débarrassé un peu de la merde, t'es tranquille pour un temps, mais elle reviendra, tous les jours t'en auras qui se rajoute.

Le manque de sommeil me rend nerveux, j'ai les yeux éclatés, livide, je pense qu'à retrouver mon lit, encore imprégné du parfum de la fille. Mais la vie tu la connais, c'est pas ce qu'elle me réserve. D'abord je dois me taper les bouchons, comme tout le monde. On va pas s'attarder là-dessus, personne aime ça, mais le seul problème c'est que les bouchons ils me donnent le temps de penser. Enfermé dans la boîte métallique qui me sert de voiture, je me retrouve seul face à moi-même, comme Michael Douglas dans le film où il pète les plombs. Mon cerveau se met à sélectionner des erreurs, des mauvais souvenirs, et il me les montre bien pour que j'aie toujours à les assumer, et que j'imprime bien qu'ils me poursuivront toute ma vie. C'est dur les regrets. Le plus grand fardeau de la conscience humaine. Ça s'accroche à toi comme des sangsues, et ça te lâche plus. Si je croise mes regrets un jour, même en bande, je les démonte, je les ligote à la corde, je les fous dans mon coffre et je pars les enterrer loin, dans un endroit triste et désert, où leur sépulture n'aura jamais l'occasion de fleurir.

Mais je sais que même après avoir foutu le problème sous terre j'entendrai toujours leur voix dans un coin de ma tête, au cinéma, au resto, dans les magasins et les gratte-ciel, je sais qu'ils me chuchoteront toujours leur sentencieux monologue, et que je finirai par en crever.

Faut pas penser aux trucs comme ça. Faut que la tête se vide, que le passé s'efface. Je sors enfin des embouteillages, j'accélère, pour plus rien entendre, pour pas que le temps me rattrape. Je suis silencieux et inexpressif comme une pierre, pourtant à l'intérieur c'est fracassant et tonitruant, parfois j'ai l'impression que ma tête va exploser, que mon cerveau va se retrouver éparpillé sur le sol ensanglanté, les restes d'une vie, l'amour, la mémoire, la réflexion, le savoir, tout ça contenu dans ces petits morceaux de viande inanimés. C'est l'enfer l'esprit humain.

Deux trois feux rouges, le fil du rasoir, à ça de vriller, j'arrive en trombe dans ma rue, je roule trop vite et sans aucune raison, je me gare comme un pied, médiocre créneau, les pneus crissent, la migraine me crispe. Je pénètre dans l'immeuble sans répondre aux clochards qui me demandent des trucs.

Une fois rentré je respire un peu. À force de faire le ressasseur j'ai pris trop de rancœur, mais passons, faut tirer des leçons n'est-ce pas ? Il paraît que le temps m'aidera. Que c'est lui qui fait et qui défait.

Le grand défaiseur, l'artiste de la vie. Mais moi y a que quand je crée que je me sens vivre, quand je produis des petites choses dont j'ai l'impression qu'elles sont grandes, des choses que le temps n'efface pas.

    J'allume la télé, je mets American Beauty, mais je regarde que les gros culs sur Instagram. Et c'est bizarre l'état de mon esprit, mes mouvements sont ralentis mais dans ma tête je suis en train de courir. Je comprends que chacun peut facilement trouver en soi-même son pire ennemi. Et puis je vois pas ce qu'il pourra faire pour moi, le temps. Me débarrasser des regrets ? Par la fenêtre j'aperçois les petites ombres qui défilent. Le temps… Il s'étire et se déforme, jamais le même, toujours pareil, lent, rapide, lent, rapide, le tortionnaire, le fils de pute, lent et rapide, impitoyable. Furieux, je bois une gorgée pour l'habiller de nouvelles couleurs et je le regarde passer depuis le centre du monde.

sabre

J'arrive dans la soirée, la pièce est embrumée, j'ai bouteille de vodka à la main, et puis déjà je suis pas d'humeur. Les événements nocturnes c'est risqué, surtout en cette période si pandémique. Les gens sont plus délurés qu'avant, ils cherchent à noyer quotidien morne dans le fond d'un verre. Ils sont plus jugeurs aussi, plus méprisants, parce que l'année qui se termine les a rendus amers, seulement moi ces derniers temps mon ego c'est les montagnes russes, alors épargnez-moi vos commentaires. J'ai enterré mes sentiments pour supporter l'opinion d'autrui, un peu de compassion. Malgré tout je sens les regards contre mes omoplates, et heureusement que Kodak Black étouffe un peu les bavardages intempestifs dans l'appartement étroit.

J'ai bu avant de venir, quelques shots vite fait de cette vodka pas chère qui a un goût de désinfectant, parce que la présence des autres me rend anxieux : poser des questions, dire des trucs, affronter l'opinion d'un groupe, blablabla. Moi je peine à m'intégrer, et ce léger handicap me rend morose. Je déprime. Au moins je suis arrivé en plein milieu de la fête, je vais donc faire que meubler, c'est déjà le bordel, le sol est dégueulasse et la lumière fade et jaunâtre m'encule un peu l'œil. Heureusement quelqu'un l'éteint. Des hypocrites me font la conversation, ils font semblant d'être sympas avec moi et je vais pas m'en plaindre. Je pose la bouteille, je vais trouver quelque chose de meilleur, de moins pas bon, et aussi me trouver une place quelque part où je pourrai me laisser bercer par le bruit, le vrombissement de la musique, en attendant que ça passe. De toute façon, c'est ce qu'on fait tous. Attendre que ça passe. Boire toute la nuit pour atténuer le mal du siècle.

Attendre, sans agir. Ça mène à quoi ? J'ai plein de questions et réponse à rien. Je suis en avance sur ma propre vie, tu sais. Parfois ça me prend d'avoir des pensées bizarres. Je suis dans la soirée, fatigué, au milieu de la foule enivrée, les moments où je me sens le plus seul. Je bois le Clan Campbell. Il me tarde d'avoir une Lambo quand même, pour être triste dedans. Il me tarde d'arroser des gens qui en valent pas la peine, de gagner l'argent et de le perdre. Il me tarde de vomir tout à l'heure, d'avoir la gueule de bois demain. La vie défile, mais elle va pas assez vite, je veux que le paysage soit flou quand je suis au volant, que les lumières des lampadaires deviennent des traits. Me tarde d'avoir cet accident.

Vivement que je sorte un livre aussi, qu'on l'aime, qu'on s'en foute, et puis qu'on l'oublie. Il me tarde d'avoir le sabre, pour ouvrir le champagne, pour me le planter dans le ventre. Je suis un rōnin moi tu sais, j'ai pas de maître, pas de mentor, j'ai pas d'exemple à suivre ou de modèle, je fais que poursuivre mes rêves modestes et éviter mes peurs.

La basse s'échappe de l'enceinte JBL, des pilules circulent, des paroles sans intérêt me parviennent, je m'assois un peu sur une chaise en plastique alors que la fumée continue d'emplir la pièce et que les verres se renversent. Quand je mets les pieds en soirée, je finis toujours par regretter. Mais y a que dans la frénésie que je me sens bien, quand l'agitation étouffe un peu ma réflexion, c'est pour ça que je reste. Le whisky vient m'apaiser légèrement. Je rêve de plages, de froissage de draps jusqu'à ce que j'en crève. Je veux du frisson vrai, ou alors la tranquillité la plus pure, voilà ce que je veux, rien de plus, rien de ce qu'il y a entre les deux.

Le temps passe, déformé par l'ivresse. On est au cœur de la nuit maintenant. J'ai enlevé mon masque social. Les filles dansent, ma vision commence à se troubler parce que l'alcool s'est mis à monter de manière fulgurante et je l'ai pas vu venir, tout autour n'est plus que vaguelettes. La lumière du stroboscope m'hypnotise. J'ai plus aucune pensée, y a plus rien. J'essaie de me lever. Merde. Mon sang tombe dans mes chaussettes, je le sens bien. Des fois tu te rends pas compte à quel point t'es arraché jusqu'à ce que tu te mettes debout, faut se méfier de l'alcool qui dort. Je titube à travers la pièce qui se retourne dans tous les sens. Oh merde. Que quelqu'un m'aide. Pourquoi j'ai bu autant. Pourquoi je suis prisonnier, perdu au fond de la nuit, pourquoi est-ce qu'il fait jamais jour.

Tout mon intérieur veut s'échapper, j'ai en moi un grand poison qui demande qu'à sortir.

Deux doigts dans ma gorge pour évacuer, mon système se purge un peu, mais le système social bordel, il est pourri jusqu'à la moelle et y a rien qui pourra le sauver. Mais qu'est-ce que je raconte, je délire vraiment. Mon crâne est rempli d'incohérences, de… de trucs qui servent à rien, je suis tout pollué comme la foutue planète bleue. J'ai encore quelques spasmes quand je me relève dans le chiotte étroit. J'entends le son étouffé de la musique dans l'autre pièce, les désaccords d'une dispute qui éclate. Il me faudra un autre verre pour diluer tout ça, pour remonter à la surface, épave que je suis.

Au petit matin je suis parti, quittant enfin l'odeur du tabac tiède. J'ai vu la ville s'éveiller, les réverbères s'éteindre. J'aurais aimé m'attarder sur cette sensation, unique, si douce, de parcourir la ville à l'aube, mais j'ai pas la force aujourd'hui de penser aux trucs beaux. J'ai marché longtemps à travers les rues froides pour rentrer chez moi, et puis j'avais des frissons. J'ai senti l'odeur des croissants, du béton glacé, j'ai senti la redescente après une nuit d'ivresse, la fatigue, la poussière d'étoile qui constitue mes atomes, et j'ai senti que beaucoup de merde s'était accumulée depuis des semaines. J'ai senti tout ça, tu sais. Un sacré cocktail. Le verre de trop, ou celui d'après.

angoisse

Le visage émacié sous la capuche noire, un lourd sentiment d'angoisse m'envahit. L'anxiété prend le dessus et efface tout le reste, faut que je respire. Je suis animé par la détresse. Dans une ruelle pisseuse j'arrête un peu de marcher. J'inspire, j'expire. Encore et encore, profondément. Les pigeons aux pattes cassées m'observent depuis les balcons. J'ai l'impression que le monde entier veut m'avaler, que je vais tomber dans sa gueule béante, j'ai l'impression d'être pris au piège. Je ressens une piqûre au cœur, une grande inquiétude. Je me tiens au mur souillé par le passage, oppressé, je sens qu'une menace me guette, que le spleen a hissé son étendard poisseux au-dessus de ma tête. Et ma vision diminue, je vois rien de ce qu'il y a autour, je vois plus que le « Nique tes morts » écrit en rouge devant. Je pense plus à rien, je cherche qu'un moyen de fuir, mais comment fuir ce qui t'habite et qui te détruit ? Le sentiment s'intensifie, à genoux j'entends presque le ricanement de la mort qui vient me prendre. Je te mens pas tu sais, je crois que je vais mourir. C'est dans ces moments-là que mon sang devient noir, que mes jambes se fragilisent, que mes yeux cherchent partout autour, hésitants, une solution qui n'existe pas. C'est dans ces moments-là que je me fais des promesses, marquées à la rancune et à la haine, des promesses pour lesquelles je décimerais toute ta famille. C'est dans ces moments-là que tout l'espoir disparaît, pourtant c'est là qu'il y en a le plus. J'écrirai tout ça en bloc une fois que ça sera terminé, j'en suis certain. Un gros bloc impitoyable, cathédral, témoin de ce sentiment d'angoisse qui vient parfois tourmenter les cœurs troublés comme le mien. Je risque pas d'oublier. Dès que je parviens à respirer correctement je reprends ma route. On va pas moisir ici. Je sais que les jours suivants je vais enterrer mes sentiments, bien profondément pour pas qu'ils viennent me secouer comme ça, à l'improviste. Je remets les écouteurs, mon intérieur peu à peu redevient supportable. Sur le chemin des zonards anesthésiés rentrent chez eux pour pioncer, ils puent le shit. Merde. Je comprends plus si je suis un humain, un animal ou une machine. Un petit code-barres, unique mais sans intérêt. À trop vouloir m'isoler je me suis perdu, je suis devenu bizarre. Déboussolé, je sais plus ce que je cherche, j'appartiens à rien. Ma place est dans les musées, j'ai des pensées en forme de planètes, constellées de chagrin et de haine, endurcies par la solitude et les saloperies du monde moderne. Dans les yeux j'ai déjà le noir de quand ils seront fermés pour toujours. Pourtant je respire encore, et j'évolue au bord de la crise de nerfs, les pieds sur terre, la tête dans les étoiles, sur des notes entêtées de grand piano.

sabotage

Y a des moments comme ça dans la vie, emplis d'une sorte de gravité, tellement que même pendant que t'es en train de les vivre tu sais qu'il sont décisifs. Tu me suis ? Depuis le rooftop parisien je contemple la dégradation de ma propre vie qui s'effondre. L'épidémie se propage, rien ne semble l'arrêter, et moi j'ai les nerfs quand je vois tout ce qui m'échappe. Le consumérisme, les viols au coin de ma rue, l'impossibilité d'y voir clair dans ce grand champ de mines qu'est le monde, la tristesse simple, tout ça, ça m'a cassé. Les tracas s'additionnent, l'ambiance est là, oppressante, la merde s'entasse et ça fait un très gros tas. Et puis l'amour aussi, c'est complexe. C'est si précieux, et regarde ce qu'on en fait. Y a quelque chose qui cloche, il faut que je trouve d'où ça vient avant que l'anxiété me termine.

Sorti de l'avion je rentre chez moi, je vide la valise sur le sol, je prends plus la peine de ranger mes habits, je les dérangerai de toute façon. Des fois même, je dors dessus. Je m'assois un peu pendant que mon café refroidit. Au loin se fait entendre le bruit railleur de la scierie qui charbonne. Ça fait des semaines que j'arrête pas de bouger, chaque lendemain oubliant la veille, que j'arrête pas de jeter mes habits par terre, de me taper la tête contre le mur, tout ça pour éviter d'affronter mes problèmes. Je m'en rends compte, un peu, quand j'observe les lignes imparfaites du parquet. J'attends peut-être une réponse dedans, elles bougeront pas d'un poil.

Au cœur de cet instant suspendu, entre la fumée tiédissante du café, le bruit métallique de l'usine, l'immobilité totale qui règne dans l'appartement, je comprends. Avant de blâmer tel phénomène, de critiquer à droite à gauche, vaut mieux regarder chez soi. C'est souvent rempli d'ordures. Arrive un moment où il est temps de prendre ses responsabilités et de faire le ménage. Ça me permettra peut-être de chasser le nuage noir qui m'empêche de voir loin, qui sait ?

J'ai beaucoup trop de failles, imparfait comme un être humain. Et on s'est détruits de l'intérieur tu sais, je pensais que c'était un meurtre mais c'était un suicide. Angoissé, je me mets à trembler légèrement. C'est le calme plat qui me fait penser autant, la placidité de cet instant perdu. J'ai pas pu faire autrement. Tout revient en boucle dans ma tête, ma conscience s'acharne contre moi-même à grands coups de marteau. Et même si j'ai l'impression que la vie m'écrase, en réalité ça fait des mois que je scie ma propre branche.

Parce que la vie, c'est quoi la vie putain c'est un éternel sabotage, qui recommence sans cesse jusqu'à ce que la corde cède. Tu vois pas que le monde s'auto-détruit ? Que nos chances sont déjà faiblardes et qu'on les amaigrit à force de paresse et de lâcheté ?

Je suis parti trop loin dans la rage, trop de pression, trop de pensées turbulentes qui m'ont fracassé le crâne, trop de problèmes que j'ai créés. J'ai trop saboté. Alors que le deuxième confinement s'annonce, dans ma tête quelque chose s'écroule. J'ai vu le ciel se recouvrir d'un voile tout gris et tout fade. J'ai eu peur de ce qui allait suivre, j'ai eu peur du deuxième chapitre.

II - DÉPRESSION

état d'âme

Mon cœur est brisé en deux, une moitié haletante dans ma cage thoracique, qui lutte, l'autre moitié livrée à elle-même, hors de mon contrôle, qui se balade librement dans ce monde sombre et tortueux. Un cœur scindé en deux ça tient pas. Un cœur ça doit être entier.

Mais les jours passent. Je les sens bien passer. Et j'ai retenu, ce qui est question du cœur, j'ai compris la règle du jeu, j'ai voulu le fermer à double tour. Ce qui en découle c'est la solitude, l'arrêt sur image. Si je suis sorti un peu de la tornade, c'était seulement pour m'enfoncer dans la torpeur, dans le calme lent et monotone avec mon palpitant tout engourdi. J'ai fermé la porte de chez moi, j'ai arrêté de sortir. Sortir pour quoi faire ? Je regardais plus les étoiles, j'écrivais plus, je faisais rien. Je voyais tout en bleu comme un bateau qui coule. Déprimé comme un joueur de blues. Pendant un temps j'ai plus pu graille, j'ai fait que mater les antennes sur les toits sans bouger. J'attendais que la vie s'arrache. J'avais plus rien en moi, je savais même plus qui j'étais, identité décomposée, cellules mortes, rachitiques, neurones enchaînés et pensées qui tournent en rond. L'âme tourmentée, pleine de vaguelettes. État anormal comme un printemps sous la neige.

Et je te dis ça comme si c'était du passé, un mauvais souvenir, mais quand je m'aperçois que le soleil décline à l'infini, que le monde se meut en faisant du sur-place, jour après jour, pendant que je suis dedans et que j'attends, j'ai l'impression que ça va jamais finir. Tout est figé. Je suis complètement vide. Quand je suis éveillé dès les premières lueurs et que mon intérêt pour toute forme d'activité s'affadit un peu plus que la veille, je m'interroge sur la nature de cet état d'âme, sur le temps que ça prendra. Si tu passes devant chez moi tu pourras me voir à la fenêtre, j'y serai sois-en sûr, amaigri, cerné jusqu'à l'os, en train de maudire le temps qui passe.

cascade

Ça va tomber, je le sens.

Je suis sorti ganté et masqué comme cambrioleur un jour de pluie. J'ai contemplé dans le parc la chute silencieuse des feuilles marron. Quand on grandit les petits bonheurs n'arrivent plus en cascade, ils sont juste dispersés dans la vie, fades, comme un robinet qui fuit. Mode avion, sentiments bâillonnés, je me suis perdu en chemin. Je rigole moins. Je bois un peu plus. Et je me suis éloigné des autres parce que c'est pas facile d'être avec moi, je suis toujours dans la lune, toujours ailleurs comme un voyageur, pourtant je stagne. Faut pouvoir tolérer l'omniprésence de l'absence.

J'arrive plus à écrire des poèmes d'amour, j'arrive pas à effleurer l'idée, pourtant derrière les peupliers mornes, derrière chaque ombre je crois discerner son insaisissable silhouette. Je passe devant la fontaine, un clochard a vomi dedans, les tourterelles se planquent dans les troncs des platanes. Où sont les grands discours quand on a besoin d'eux ? « Recherche la liberté et tu deviendras esclave des tes désirs, recherche la discipline et tu trouveras la liberté ». J'en fais quoi de ça ? Une dépression ? Une révolution ? Je me mets trop la pression, faut que je tempère, faut stopper la mousson.

À force j'ai bien compris que l'ego est au centre de nos égarements et de nos conflits. C'est rarement autre chose. J'ai compris qu'il faut surtout pas laisser les problèmes moisir au fond du cœur. Il faut les affronter pour compter qu'ils s'effacent, les regarder bien en face dans leur œil jaune. Les erreurs seront toujours là, faudra vivre avec, mais les faiblesses on peut les changer. Faudra mourir sans. Facile à dire. Comment avancer quand t'es dans un drôle d'état, quand nuage pluvieux te suit partout comme dans Mario Kart ? Le ciel gris la tapisserie qui recouvre mon âme.

La nature cessera jamais de foisonner sans nos tracas, sans nos problèmes existentiels. Autour de moi les chats sans foyer amaigris par l'hiver sont blottis sous les bancs, ils sentent venir l'orage. Les familles de promeneurs quittent le parc au compte-gouttes, c'est l'heure de rentrer. L'air est chargé d'une humidité intense qui fait gonfler les feuillages. Dans la mare, les grenouilles sortent la tête entre les nénuphars, les yeux tournés vers le ciel. Les écureuils orange sale sont partis pioncer parce que y a rien d'intéressant. Tout le monde a compris. Une pluie fine se met à tomber des nuages qui descendent, rien de bien méchant. Elle fait ploc ploc ploc un peu partout. Je suis seul à rester là, immobile entre les arbres jugeurs, sans parapluie, avec mes sapes si perméables. Je suis le seul que la pluie recouvre. On verra pas ce qui est touchant, on verra pas si y a des larmes. On verra que la merde, ramollie par la flotte polluée des cumulus.

l'hiver dure

Je suis descendu dehors, j'aurais pas dû. Merde. Il fait trop froid en ce moment, ça me brûle les yeux, ça me déchire les mains. Mais je pouvais pas rester chez moi, je tiens plus en place, dehors je me sens mieux, au milieu de la merde et du désordre. La lumière est bleue partout, le froid fendille le béton pendant que les clochards crèvent sous les couvertures. Le masque me réchauffe un peu. Le soleil est pas totalement éteint, mais on le voit plus.

C'est pour éviter de penser que je marche dans les rues, pour pas me retrouver entre quatre murs à écouter l'appel du spleen qui me tend sa main moite et envoûtante. Je croquerais bien un bout de chaleur tu sais, mais l'hiver dure, ça fait bien longtemps maintenant. Je me pose la question pourquoi les jeunes aujourd'hui sont si tristes, pourquoi tout le monde fait semblant d'aller bien. La douleur au ventre, c'est ce qui me réveille tous les matins, c'est ce qui m'empêche de graille, mais je fais comme si de rien. Entre deux pilules, deux revers du destin je croise les doigts pour que ça passe.

Je parle même plus des regrets et des erreurs que j'ai commises, pourtant j'arrête pas de me retourner, je pense avec nostalgie à une époque où je me sentais mal autrement. C'est drôle les souvenirs. Avec le temps la douleur s'estompe, d'autres la remplacent. Y avait plus de temps, moins de responsabilités, je gagnais moins d'argent et pourtant j'en avais plus, mais le monde tourne à l'envers, il a déraillé un jour et maintenant il est immobile dans la neige, et moi j'ai l'impression d'être le seul à marcher encore en quête d'un abri.

Mais j'ai plus d'illusions, elles sont mortes en cours de route, et maintenant j'ai le cœur ouvert, le vent glacial à l'air libre le durcit chaque jour. Avant je pensais vraiment que certaines choses valaient la peine, je croyais dur comme fer que l'amour était indestructible, que y avait encore de la place pour les rêves. Les convictions ça peut s'effondrer d'un seul coup, c'est comme ça dans mon cœur un champ de ruines, un amandier sans fleurs, décharné, à l'image du monde sans saveur qu'il l'a tuméfié. Tout est faux ici, du sol au plafond, le fer blanc se cache derrière la peinture dorée, je rêve même plus quand je dors.

L'hiver dure, il s'éternise, et je sais pas combien de temps je vais tenir. Je sens plus mes doigts maintenant, et mon visage s'engourdit sous la lourde capuche. J'espère que mon frère va s'en sortir, ça me rend triste de le voir buter contre les obstacles pernicieux de ce monde. J'espère que ma mère partira avant moi, elle pourrait pas supporter qu'on lui retire comme ça un morceau de sa chair. J'ai pas de raison de vivre, mais j'ai celle-là pour pas crever.

J'ai vu deux oiseaux voler ensemble l'autre

jour et ça m'a donné envie de pleurer, y a vraiment un problème, y a quelque chose qui va pas dans ces rues désertes après le couvre-feu, dans ces relations fragiles, ces idéaux chétifs et ces espoirs qui se noient dans le factice et la grande machinerie. C'est dans les ténèbres de la vie moderne, que je patauge.

Je sais pas si je verrai l'été un jour, mais je vais tout faire pour. En attendant je prie pour que l'humanité s'éteigne bientôt. Que la nature reprenne enfin ses droits, ou que les machines se soulèvent. Qu'on change enfin de saison.

nuit

J'ai les yeux qui dérivent le long de la constellation du Scorpion. La cigarette qui se termine, la fumée qui se perd. Le passé derrière. Les erreurs et les choix qui me scient le bide. Je réfléchis. Je voulais parler des cigales, des êtres qui savent comment vivre, mais les cigales sont parties maintenant qu'est venu le froid, elles ont arrêté leur chanson. Je suis sorti de l'hibernation parce que l'isolement commence à me rendre fou, nauséeux j'ai pris la voiture et je suis venu me garer là, où je peux un peu surplomber la ville. J'ai une vue d'ensemble : le ciel noir, les lumières frémissantes. Kurosawa a dit qu'être un artiste, ça signifie ne jamais détourner les yeux. J'ai compris ce qu'il voulait dire, alors je reste face à la merde, je m'en imprègne tous les jours et j'espère que ça finira par élever mon âme. En attendant je suis là, des masques chirurgicaux plein les poches et des fantômes à mes côtés. Affreusement beau ce spectacle. Je demeure immobile quelques minutes le temps qu'il reste plus que des cendres. Je vois au loin les grands boulevards parcourus de véhicules silencieux. Décidément, c'est pas ici que je trouverai un peu de sérénité, un peu d'apaisement, je sais pas moi il me faut la paix intérieure. La clope est finie, le couvre-feu a déjà commencé. Il est temps de rentrer. Je sens plus mes doigts.

Le moteur gronde, je retourne dans le ventre de la ville. J'ai l'agonie dans les veines, la noirceur dans le foie, la routine dans ma rétine, autour de moi quelques rôdeurs et des perpétuels chantiers. Un rien me rappelle celle aux cheveux noirs. Le docteur a dit que je pouvais prendre un peu de repos, mais si je m'arrête je m'éteindrai, comme une dynamo. Alors je vire à droite dans les rues salopes du centre, je vois plus les gens quand j'accélère, leurs visages se brouillent, et moi je cherche quelque chose qui existe pas, dans le rétro c'est flou et le pare-brise il est sale même, et de toute façon j'ai les yeux fermés, c'est ça le problème.

Une fois rentré chez moi, je retrouve les vêtements étalés sur le sol, l'odeur du renfermé, un parfum de tristesse. C'est mon climat, mais en vrai je m'y habitue pas. Ça me laisse un goût de vinaigre dans la gorge. Je quitte pas ma laine obscure, je peux pas me résigner à rester là, alors je m'ouvre une bière et je descends dans le jardin. Mon cerveau est sur une pente abrupte je le sens bien, j'ai des pensées bizarres. T'as déjà vécu ça, ou alors je suis tout seul ? Dehors dans le froid, le cul sur une chaise rouillée, je profite un peu du morceau de ciel nocturne que la vie m'accorde, ponctué d'astres anonymes et vacillants.

Mais tu vois, j'ai jamais l'esprit tranquille. Parce que quand je serai parti, que je serai enfin tout froid et tout horizontal, je sais que tu te souviendras de moi. Qu'est-ce qui restera vraiment ? Est-ce que tu te rappelleras de ma situation financière ? Mes chemises, ma caisse, mes choix de carrière ? Réfléchis. C'est quoi l'important, c'est quoi le vrai, moi-même je sais plus, mais c'est de la pureté que je rêve, et cette nuit je vois plus que l'absence. Dans ce monde agité je suis d'humeur fantomatique. Merde. Et puis quand je regarde le putain de ciel, où deux étoiles inséparables et si distantes brillent côte à côte, c'est tes yeux que je vois. J'ai un peu d'eau sur les miens. C'est dans ton cœur que je vis, tu sais bien.

dodo

La nuit dernière j'ai rêvé. Ça faisait longtemps que ça m'était pas arrivé, mes nuits d'habitude sont rudes et agitées, avec pas de couleurs dedans. Mais hier j'ai rêvé, et quand finalement j'ai ouvert les yeux j'étais plein d'amertume. Je vais te raconter ce qui s'y passait, et surtout ce que j'ai ressenti, puis j'irai me rendormir.

Je marche difficilement, mes pieds s'enfoncent dans la neige. Je me souviens plus très bien comment je suis arrivé là. Les cris d'oiseaux résonnent dans la déserte vallée si pure, les sapins me regardent. À perte de vue y a que cette couverture blanche, quelques arbres et un nuage informe allégé par la chute silencieuse des flocons. Je suis en bas de la montagne, je sais pas ce que je fais là mais j'ai une plaie béante dans la poitrine, qui commence à tacher mes habits. Le sang dessine des petits points rouges dans le blanc aveuglant, ça me plaît.

Y a personne ici. J'ai de plus en plus de mal à respirer et à avancer, ça doit être à cause du trou dans le cœur. Devant moi la montagne se dresse, je sais que j'arriverai jamais à voir derrière. Je vais m'arrêter un peu, histoire de souffler, je vois pas trop ce que je vais trouver par là-bas de toute façon. La vie sauvage n'a rien à m'offrir, je suis un code-barres sur pattes dépourvu de tout naturel, alors pourquoi continuer la route ?

Mais oublions ça un peu, c'est l'heure du repos. Je m'allonge dans la neige, les yeux vers le ciel blanchâtre, les flocons tombent sur mon visage sans un bruit, sans le moindre poids, et je me sens beaucoup mieux maintenant, mes jambes commencent à s'engourdir. Mon corps pèse moins que ma plume. J'ai pas eu une vie si difficile, tu sais, mais malheureusement je n'ai pu voir les choses qu'à travers mon propre prisme. C'est comme ça l'humain.

Je ferme les yeux, je vais faire dodo et je reprendrai mon chemin quand je serai reposé. Je retournerai d'où je viens, faut arrêter de se plaindre un peu, j'irai embrasser ma mère, je retournerai vibrer dans la frénésie des villes, au milieu des activités humaines, des chiens, des commerces, j'irai prendre la main de celle aux cheveux noirs et je la serrerai très fort, pour qu'elle comprenne que je suis là. J'irai montrer à ceux qui comptent que je connais leur valeur et que je respire grâce à eux. Je ferai le bilan, la somme de tous nos émerveillements et de toutes nos rancœurs, puis je tournerai la page.

Je sens plus trop le froid désormais, je plonge peu à peu dans un sommeil paisible, et ça fait du bien. Un sentiment profond de sérénité me recouvre de sa tendre caresse. C'est drôle, je commence à voir des étoiles qui s'alignent, des fusées qui décollent, la Terre qui tourne sans un bruit, la création de l'univers, une chute d'eau, les yeux de la fille, et puis les premiers pas de l'être humain. Ça me confirme cette idée qui m'habite depuis quelque temps et qui me tient encore debout : tout est connecté, et ça me rassure de savoir que j'avance main dans la main avec le cosmos. Les constellations s'offrent à moi, je les vois nettement. Tout brille devant.

Je peux enfin rentrer chez moi. Loin de l'angoisse, j'ai trouvé le calme absolu que je recherchais. C'est comme dans le texte de Jack London. J'ai rien pu construire. Et quand le chien s'approchera de moi, couché dans la neige, et qu'il sentira l'odeur de la mort, j'espère qu'il sentira aussi l'amour, c'est tout ce que j'ai pris comme bagage.

méduses

J'avance, je sors du lit, je pars travailler des nuages dans les yeux, je fais les courses. J'évolue dans la grisaille machinalement, avec toute la monotonie du monde, tellement que ça devient même chiant à écrire. Pourtant je suis ailleurs. Je pense aux terres lointaines, je pense trop au passé, à tel point que je vis dedans. Je pense à elle, aux histoires qui s'écroulent. On est des aimants et on s'attire, mais tu nous mets à l'envers et on se repousse. Pendant le crash j'ai cru être passager mais j'étais dans le cockpit complètement défoncé, j'avais même pas le permis. La chute c'était dur. L'atterrissage aussi. J'ai rien compris à ce qu'il se passait, j'y ai laissé des plumes, des dents. Je me suis retrouvé seul au beau milieu de rien, et j'arrivais pas à y croire. Je fus à la dérive pendant quelques jours ou quelques semaines, je sais pas vraiment et puis de toute manière on s'en fout. Maintenant je suis en exil sur une île déserte, où y a que du rhum et des ombres de femmes. Tout autour, près de la surface, des méduses luminescentes font obstacle au grand large, comme une sorte de clôture. J'attends de voir ce que le sort me réserve. J'observe les variations de la lune et le chant des oiseaux exotiques. Les vagues faiblardes me réveillent tous les matins pour que recommence le même jour, inlassablement. La trajectoire du soleil, le froissement des feuillages sous la caresse du vent, les plaies qui se referment pas et le rhum qui a goût d'insolation. Je suis à bout de nerfs. Parfois je pense que je vais mourir ici tu sais, de soif, de solitude, ou d'une cirrhose.

Mais même si le temps s'étire je vois bien que les mois passent, parce que les feuilles mortes ont été ramassées, la pluie d'hiver a séché, dans la rue les parkas tombent et j'y assiste impuissant. Chez moi quelqu'un a posé des lys et des pivoines qui dorment sur la table, baignées d'un rayon de lumière tendre et bienveillant. C'est le signe du printemps qui s'éveille. C'est de la douceur. Ça me rappelle celle aux cheveux noirs. Dans ma tête j'ai des fleurs partout autour de moi comme si j'étais déjà sous la terre. Je ferme les yeux, ça m'apaise vite fait. Ça diminue l'électricité qui m'habite. Des fois je me dis que pour aller mieux il suffit juste de respirer. Inspirer profondément. Expirer. Ça marche jamais. Alors j'ouvre les yeux. J'ai des pétales de roses plein dedans. Je pourrai jamais voir loin.

Nerveux je fais les cent pas. J'ai marché dans mon cerveau des heures durant pour trouver des réponses qui n'existent pas, j'essaie de construire un radeau pour me tirer de là mais j'ai pas les outils, que de l'alcool et des idées noires, je tourne en rond faisant chaque nuit le même rêve amer, y a pas de fusée de détresse, pas de sauvetage, y a que dalle je vous dis, y a tchi. J'ai trouvé une carapace de tortue complètement vide. J'ai pas compris le message.

Même si le naufrage m'a condamné à la solitude, il est peut-être synonyme de recommencement. Rebâtir, renaître, le début d'une nouvelle ère. J'en sais rien moi, j'ai pas la force de construire quoi que ce soit. Si je m'éloigne trop du bord je risque de me retrouver pris dans les tentacules d'une méduse. Barrage infranchissable. Une piqûre de méduse ça tue, comme les paquets de cigarettes. Donc pour l'instant, alors que la nuit tombe, j'inflige à mon foie différents sévices, je dévisse le bouchon pour pouvoir supporter la vie. J'ai plus foi en grand-chose après quelques centilitres d'alcool pur. Non vraiment, j'ai pas la force de construire en ce moment, pas trop l'envie. Je le vois bien quand les premières lueurs du jour me dévoilent un triste reflet dans la pénombre de mon appartement vide, quand la réserve de rhum commence à s'épuiser sur mon îlot. Je vois bien que je peux que détruire des trucs. Principalement moi-même.

errance

J'étais mort hier soir, assis sur le sol glacé de la cuisine, j'avais descendu la Sobieski à la bouteille, j'avais des pensées qui tournaient comme un manège d'enfer. J'avais bien maigri. Je me suis dit faut pas trop s'en faire, c'est comme ça l'amour on se délivre l'un l'autre puis on s'enferme, on se reprend un jour tout ce qu'on s'est offert, et la douleur tu la sens, elle déborde du stylo noir, je la lis sur les yeux des passants et sur les ordonnances jetées sur le trottoir. Bref, je m'en bats les couilles pour l'instant la déprime me guide, elle m'indique le chemin, là où je patauge c'est là où elle pleut, et y a plus que de l'errance dans mes jours et mes nuits, de l'attente, de la rancœur dans mes sentiments. J'ai des spasmes, les choses je les contrôle plus trop maintenant que la vie a pris le dessus, j'ai envie de m'arracher les veines pour tuer l'anxiété qui coule dedans. Sérieux je pensais que ça passerait mais ça devient récurrent, j'ai le moral mourant. Je me mets à délirer quand la bouteille roule sur le carrelage, je vois des fantômes, j'entends des vieilles paroles, des trucs louches, vinaigrés, j'ai peur de la suite, j'ai peur du noir à cette heure si sombre de ma propre vie. Y a plus de but, que des allées et venues à contre-courant. Et j'ai la larme à l'œil parce que j'ai merdé, parce que le temps va me recouvrir comme si j'étais dans le creux de la vague. La rétine éclatée devant le clavier de l'ordi je m'endors sur le futur et sur ses connes promesses. Mes mouvements sont éthyliques. Je vais pas ramper. Je vais dormir sans atteindre le lit.

Aujourd'hui je marchais dans les rues, j'étais un détritus, mais j'étais dans l'air du temps. Sous les grues l'alcool redescend. Alors que j'arpente les avenues de fin de matinée, je me creuse la tête, j'y déterre des trucs puissants mais sombres qui ont la couleur amère du regret, la douleur douce de la déprime. Je marche avec les notes iPhone mais faut que je reste concentré, que je prenne un peu de recul, pour me recentrer. J'écoute le Blueprint, je prépare mon plan pour laisser mon empreinte, je passe devant les cafés et les magasins de fringues mais j'ai pas un sou en poche, que des poches sous les yeux et des rêves qui commencent à se faire vieux. L'errance continue.

Je change la musique, un sentiment s'installe, imprécis et flou, mais c'est comme une source pleine d'idées nouvelles, une impulsion dont j'espère tirer tous les mots nécessaires pour créer un truc. Faut pas que je le laisse partir, faut pas qu'il m'échappe avant que j'en aie extrait toute la sève, alors je le poursuis dans les rues agitées. Et tant que la musique défile il est docile, tant que le monde tourne pas rond je vais tout droit, le sentiment me permet d'explorer les voies paisibles et chaleureuses de la mélancolie. Je vais pas faire semblant, la tristesse j'en ai fait mon pain, et le pain il m'en faut parce que j'ai très faim, du soir au matin. À part quand le temps me rattrape et que l'angoisse me prend, là ma gorge se serre et y a plus rien qui passera jusqu'à ce que je m'anesthésie le crâne à nouveau. L'histoire se répète, c'est toujours comme ça que ça se passe. Pas trop fêtard, moi je fais quoi je broie du noir quand il se fait tard, et des fois j'ai plus trop d'espoir jusqu'à ce que j'aperçoive les mots qui se dessinent, dans les étoiles, dans les flaques de boue sur le trottoir. Je les assemble et puis voilà. Ça va mieux. J'arrive au feu rouge. J'ai une phrase forte en tête, faut que je l'écrive pour pas l'oublier. Ça parle de poésie, de princesse, de tonnerre. Mais là un clochard m'aborde, il veut une pièce ou une clope, j'ai aucun des deux, il s'en va et le sentiment, lui aussi, il est parti.

Cet événement n'est pas si tragique, les instants faut savoir les saisir et les laisser s'en aller, tu sais. J'aurais pu continuer à tourner pendant des heures en faisant que ressasser mais j'ai vu le fil rouge, et je l'ai suivi tant que je pouvais. Et finalement, c'est en cherchant rien que j'ai trouvé. C'est peut-être l'errance le seul véritable chemin, qui sait ? Moi je dis ça comme ça, je suis pas philosophe je fais que remplir des coffres. Du coup je décide de m'asseoir à une terrasse pour fêter ça, j'attendrai pas la paye. La banque paiera pour moi. Je repense aux hier, aux douleurs invaincues, merde je me laisse trop aller ces derniers temps. J'étais pas prêt, je t'ai déjà dit, c'est comme si j'avais du affronter la tempête avec une bouée de sauvetage trouée. Une pinte de bière colossale arrive, parcourue de bulles si prometteuses. Dans la chaleur savoureuse du zénith j'ai commencé à me retrouver. Aveuglé par le Soleil j'ai vu mon avenir briller.

cœur vibre

Les éoliennes tournoient silencieusement devant le Soleil qui meurt une fois de plus. Je regarde celle à qui j'ai confié les débris de mon cœur. Le crépuscule ça s'essouffle si vite, c'est un instant qui s'attrape au vol. Mais c'est pour les instants qu'on vit. Et quelques fois c'est eux qui m'aident à remonter quand je suis dans le fond du cratère. À part ça, tu sais, y a pas grand chose que j'idéalise.

Mode avion pour tuer l'intrusion, alors que la chaleur progressivement s'estompe je suis enfin loin des cris, des sirènes, des ordres, je suis loin des troubles parce que l'heure est pleine de dorures. J'allume la cigarette. Depuis le dernier étage j'ai l'imprenable panorama. C'est bière après la crêpe au sucre, les yeux de celle aux cheveux noirs qui brillent. Les papillons dans le ventre. Les oiseaux qui dorment sur les fils. Est-ce que tu visualises ? Je me tiens immobile devant la scène du monde qui change, comme un spectateur. Je sais que le jour où l'humanité s'écroulera je ferai pareil. Observer c'est agir pour de vrai, c'est faire moins de conneries que les autres. En plein entre le passé et l'avenir, je souris à l'envers sur les polaroids. Mais bon, rassuré parce que j'ai beaucoup de travail derrière, je sais ce que je vais faire, avec la vie, je vais l'enculer. Entre l'algorithme Instagram et la naissance de l'univers, je fais ma putain de place.

Ces derniers temps mes humeurs fluctuent, c'est dur à vivre. Tu l'as bien vu, t'as peut-être même déjà ressenti ça. J'essaie de faire naître le calme, même si y a des périodes de la vie où il n'a pas lieu d'être. Je me suis quand même un peu éloigné des moments de grande déprime. J'ai oublié les fausses promesses, tant pis pour elles, je les ai laissées s'évaporer entre les sons de guitares qui s'échappent de l'enceinte dernier cri fabriquée par des enfants chinois en sous-nutrition.

Et moi quand j'ai trop bu j'ai plus d'appétit, l'ivresse me suffit amplement, bijoux couleur or sur le torse je profite du décor parce qu'il est beau, que le beau me fait du mal quoi qu'on en pense, il me donne envie de mourir et donc, il me fait vivre. Le soir qui éclôt a déjà le goût du miel et les éléments de la nature et de la ville entrelacés me chantent leur confuse ballade. Je frissonne. Je pensais que mes émotions étaient mortes, parce que je les avais verrouillées pour pas souffrir, pour qu'elles étouffent.

Je suis pas si hermétique, au final. Parce que même si je tais mon cœur, parfois je suis incapable de le retenir face à la poésie du monde. Parfois je crois qu'il sera trop plein, j'ai plus de mots, que des vibrations et le Soleil, putain, on le voit déjà plus.

6 dogs

Orage d'été dehors, le tonnerre, la pluie épaisse, l'air qui étouffe. Je suffoque, comme un astronaute sans casque. Bouteille Beefeater de gin bon marché, des larmes de crocodile, un peu de fumée nocive dans les poumons pour accompagner la lente agonie du temps qui passe. Je fais plus confiance qu'à une poignée de gens tu sais, j'ai mis des sentiments entre parenthèses, entre quatre murs, pour pas crever. Alors que le taux de suicide augmente je regarde le sable faire des tourbillons sur la plage, et j'essaie de rester optimiste.

Il me reste encore le charbon, la pensée qui s'aligne, et je comptais travailler sans relâche jusqu'à ce que mes portières s'ouvrent vers le haut, pour que je puisse enfin m'envoler.

Mais mon avenir est incertain, drapé d'un voile opaque, je marche entre les ombres, suivi par des fantômes et des petites sommes. Rien ne pourrait m'arrêter à part moi-même, c'est bien ça le problème. J'ai l'impression d'être tout seul dans la tornade, tout seul dans le monde, avec des nuages noirs autour de la tête et les grains de sable méditerranéen qui viennent me piquer la peau des joues. Un peu de gin pour éteindre le feu quelques instants, un peu d'encre pour répandre mes décharges, j'ai noirci des tonnes de pages en essayant de comprendre les rouages labyrinthiques de mon propre cerveau.

La pluie s'arrête pas de tomber, la fille a les cheveux noirs et le goût du risque. Je suis parti marcher dehors, j'ai plus les épaules sèches maintenant parce que le ciel m'a pleuré dessus. Je m'enfonce dans des émotions que je peine à comprendre et dans cette nuit à la saveur tropicale. J'ai l'impression que ça sera la dernière, tu peux le voir dans l'épaisseur des nuages, dans l'absence des gens qui sont tous loin, dans mes traces de pas sur le sable. Parce que si la douleur ne s'éteint pas, je pourrai pas la calmer éternellement. J'en vois plus la fin, c'est comme si toutes les connexions qui me rattachaient au monde avaient disparu. Je suis à la dérive. En dedans j'ai un peu trop de rien.

Perdu dans un peu de haine, beaucoup de tristesse, je sais plus trop quoi faire maintenant, quand je baisse les yeux je vois les merdes de chien, quand je les lève je vois rien du tout. Alors pour combler les trous j'essaie de rêver un peu, sans trop faire de cauchemars, sans trop perdre d'espoir, j'essaie de regarder ce qu'il y a droit devant.

J'arrive tout au fond de la nuit comme au fond d'un tunnel, la pluie commence à s'affaiblir mais elle est toujours là. Il faudrait que je rentre pour essorer mon linge. J'ai des choses à faire mais j'en ai plus rien à faire, parce que j'ai le sentiment que je quitterai pas vraiment l'obscurité cette fois.

Le ciel gronde. La mer et moi on se fait pleuvoir dessus. Étrange ce qu'on finit par faire de nos vies. J'ai cherché le sens à tout ça, peut-être un peu trop. J'en ai passé des heures, à écouter en boucle les mêmes morceaux, me demandant si on vivait tous sous le même ciel, j'en ai mis de l'énergie à m'isoler, si bien que maintenant je suis tout seul, avec 6 dogs, avec le son de la pluie d'été. Et tu sais comment c'est, tu commences à me connaître, tu sais que je vais prendre un dernier verre et m'endormir sous le firmament, sans un bruit, avec des rêves plein les poches et quelques étoiles dans mon épuisette.

falaise

Au petit matin j'étais au bord du précipice. L'attente, l'ennui, la monotonie lancinante des jours qui s'enchaînent, qui passent moins vite que les années. Le décor, les murs, les comportements, y a rien qui change, dans mon cœur c'est toujours la guerre, et une guerre se termine souvent dans un champ de ruines.

Debout sur le point le plus éloigné de la falaise, j'ai l'anxiété qui me fait mal au sang, aux os. J'observe la mer agitée qui s'étend jusqu'à je sais pas où, le ciel brumeux, enflé de grisaille, j'entends les cris des mouettes et le bruit sauvage des vagues. La gifle impitoyable du vent, les yeux humides, les oiseaux qui tournent autour, en bas les rochers mortels mangés par le sel. La mâchoire qui grince, les cheveux qui finiront par tomber ou devenir blancs, la dégradation, la destruction accélérée de l'être humain moderne, causée par le stress occidental. Si je te dis tout ça, c'est pour que t'aies en tête le tableau et que tu comprennes bien l'accumulation, que tu réalises un peu ce qu'a fait le monde autour. Le monde autour a une direction, une marche à suivre, et faut s'y plier. Si t'en es incapable tu te retrouves au bord de la falaise, un matin grave de juillet, il fait même pas chaud. Je me suis investi, j'étais comme un livre ouvert, la vie m'a dévasté l'âme. Mais c'est le jeu, et quand on joue assez longtemps on finit toujours pas perdre, merde, je pensais pas pouvoir être autant rempli de vide. La fille a pleuré, et dans ses larmes j'ai bien cru que j'allais me noyer, comme dans l'alcool, comme dans l'étroitesse de la vie. J'ai trop fait confiance à l'accalmie, mais en vrai je me détruisais en silence. Et y a des douleurs intérieures, elles sont pires que tout, tabassez-moi, brûlez-moi le bout des doigts, faites ce que vous voulez pourvu que s'apaisent les déchirements insoutenables de mon cœur meurtri. Aujourd'hui, plus que d'habitude, j'en peux plus de tout ça. J'ai plus envie d'appeler au secours. Je cherche pas l'issue. J'ai la corde au cou, la lame au bord des veines, j'ai le fusil dans la bouche. Je suis coincé dans le matin de juillet où il fait même pas chaud, avec la mer, avec un avant et pas d'après. À perte de vue y a que de l'eau, c'est immense. On va s'arrêter là, je le sens bien.

Au petit matin j'étais au bord du précipice. Subitement le vent est tombé. J'ai pu entendre distinctement le bruit de ressac, le bruit d'une vie tranchante. J'ai pris conscience qu'il fallait que je saute.

III - RÉPRESSION

sans titre #71

Le suicide c'est quoi ? Un raccourci, une fuite, un acte de bravoure. Qui sait vraiment, à part ceux qui l'ont fait ? Il faut prendre soin de ceux qui ont des pensées noires tout seuls le soir. Faut de la patience, parce que le temps fait son travail de réparation mais engourdis, coincés dans nos schémas destructeurs, on peine à s'en rendre compte.

Je suis rentré chez moi sous la pluie et les éclairs, il faisait nuit. Une faille s'était creusée dans mon putain de cœur. J'ai ouvert une bouteille de vodka et je l'ai bue pure en me berçant tout seul devant le chauffage à fond. J'ai rien mangé, j'ai pas pensé grand-chose, j'ai regardé le mur fixement comme si j'attendais qu'il bouge. Mais non, les fondations sont solides. J'ai bu jusqu'à plus être conscient.

Et ça a duré pendant des semaines, ça s'arrêtait pas, alcool, mur, pensées qui tournent en rond comme dans une cellule. J'étais en sous-marin, tellement profond que les radars captaient tchi, les yeux éclatés je conduisais mon corbillard pathétique, en jetant bouteilles de bière et bouteilles de pinard, par dizaines ou par milliards, je sais plus trop.

J'avais l'impression d'être tombé au fond d'un gouffre depuis ma tour de cristal, d'avoir saboté mes propres chances. Rongé par le stress et l'anxiété, tout ce que je voulais c'était remonter le trou, et j'y arrivais pas. En haut je voyais le respect, le prestige, un plateau de sushis. Mais je restais en bas dans la tourmente, enlisé dans la boue de la déprime, dans les soucis. Et c'est souvent comme ça, la reconstruction est très lente. Parfois tu as l'impression que tu vas jamais t'en sortir. Tu vois plus que la noirceur, tu ressens plus que la douleur et le monde si vaste, autrefois empli de possibilités, devient une petite boîte ridicule, un vieux jouet cassé dans le placard poussiéreux. Y a rien qui vaut.

Pourtant faut bien trouver quelque chose à quoi s'accrocher. Ça serait dommage de repeindre la tête de lit avec ta cervelle, non ? Y a des lueurs d'espoir tu sais, minuscules taches scintillantes qui frémissent faiblement, dissimulées un peu partout dans les recoins. Si tu fouilles bien, tu pourras mettre la main dessus. Un peu de lumière dans le noir, rien qu'un peu, ça suffira.

Je suis rentré chez moi sous la pluie et les éclairs. Il faisait nuit, tout noir comme dans le cul d'un chien, il faisait bien sombre, pourtant j'ai vu. J'ai vu l'encre tomber du ciel, couler dans le caniveau. À travers les tuiles fêlées ça s'échappait, vomi par les gouttières, ça s'engouffrait dans les cloisons pour venir ronger la charpente jusqu'à ce qu'elle moisisse, ça martelait les fenêtres des foyers endormis à coups de grosses gouttes alourdies par le vent. Partout de l'encre noire s'infiltrait, dans les cheminées, les lézardes, les moindres interstices, elle repeignait les rues, chargée de sens et d'idées neuves. Les chats errants la fuyaient, planqués sous les voitures, les vagabonds détalaient vers les porches en tenant leur capuche pour pas se mouiller la nuque. Impossible d'échapper à cette crue soudaine, ce putain de déluge monumental qui était là pour laisser son empreinte indélébile sur les façades, les enseignes, les terrasses grillagées tapissées de gazon artificiel, sur la gueule du monde entier. L'encre recouvrait tout. Et j'ai vu. J'ai compris ce qu'il fallait faire.

Fallait que j'applique ma signature sur la vie, pour qu'elle m'appartienne.

gronde

Je suis rentré dans la boutique juste avant qu'elle ferme pour acheter des stylos noirs et un cahier. J'ai pris les moins chers parce que j'ai pas un rond, d'ailleurs si j'en avais ça serait carré, j'aurais pas besoin de faire tout ça.

Une fois dehors je me retrouve dans la ville, et je sais pas si y a des éclairs qui parcourent le ciel ou si c'est dans ma tête mais je suis sous haute tension. J'ai les nerfs parce que j'ai perdu un temps précieux pendant des mois. J'ai erré le ventre serré, tu sais j'étais déprimé, comme ceux qui prennent les comprimés. Le docteur m'a proposé d'atténuer la douleur, les sentiments réprimés. Mais docteur si j'endors ce qui fait chavirer mon cœur, comment je vais pouvoir m'exprimer ? Tu sais je divague, j'ai le sang d'un poète et je suis bien que quand je crée des trucs.

Faut que je travaille, encore et encore, que je répète la chorégraphie, faut que je remplisse mon esprit de douceurs et d'atrocités, lui donnant ainsi de quoi s'abreuver. Je rechercherai la perfection, toujours, jusque dans ses retranchements les plus ténébreux, je passerai ma vie entière à la poursuivre pour qu'au moins lors de mon dernier souffle j'en aie déjà senti le parfum.

La ville me fout son portrait sous le nez, c'est

du putain de cubisme. Les rues sales, dépourvues d'âme, les pancartes antivax, les charognards qui déblatèrent en cherchant la piqûre entre les canettes tordues. Tout est de traviole. Parler de ça me lasse.

J'ai besoin d'un peu d'intensité, d'immensité. J'ai l'impression qu'on passe nos vies à s'échapper des prisons dans lesquelles on s'est nous-mêmes enfermés. Et l'inspiration je la trouverai bien quelque part, au fond d'un livre, sur un toit tout gris, devant un écran publicitaire ou dans les yeux de celle aux cheveux noirs, à travers ces instants mystérieux qui séparent le crépuscule de la nuit profonde.

Bon. Je me tire de là. À pinces je rejoins ma voiture garée en double-file. La portière conducteur s'ouvre pas donc je suis obligé de rentrer par l'autre, mais c'est comme ça l'usure elle est partout, dans les corps, dans les cœurs et dans les joints de culasse. Je trace, conduite nerveuse, en quelques minutes je sors de la ville et les nuages m'accompagnent. Mon esprit est déjà loin. Je vois les mots s'associer, la forme et le sens entre eux se lier, et de cette union naître une danse envoûtante qui me fait vibrer. Je ferme un instant les yeux pour que sa mélodie me parvienne.

« Quoi de neuf, tchi, l'argent au cœur de nos vies ».

Merde, ça veut dire quoi ça. Un peu bateau non ? Je sais pas moi, c'est qu'un prélude, je fais qu'effleurer la suite d'une main tremblante. J'ai juste un embryon dans un recoin du cerveau, un début d'idée tout chétif. Mais les mots ils viennent quand même tout seuls, il va falloir que je les attrape au vol et que je les assemble. En gros, c'est ça le job.

« Mon esprit libre demeurera indécis jusqu'à ce que la mort me décime ».

À mesure que je m'éloigne des grands immeubles j'aperçois la côte, la mer au loin qui s'étend, imbibée d'un gris nuageux, la roche pointue qui se jette dedans, c'est vers ça que je me dirige. Je suis concentré, comme le putain de jus, je tiens le volant et je crois que je vais l'attacher. Il me faut l'air libre vite, les grands espaces, il faut que l'horizon si étendu me remette à ma place. Il faut que je contemple dans l'œil mousseux des vagues effroyables l'inutilité de ma propre vie, pour que je puisse enfin l'écrire. Et je le sens le sel, je le sens, mon cœur endolori va rugir il me semble.

« Au fond de la tête un nuage gras et touffu qui m'étouffe légèrement ».

Je me gare près de la falaise, les pneus crissent parce que la route est caillouteuse. Pas la peine d'éteindre le moteur. Je suis pressé. Une fois le bord atteint je vois tout, le bas et le haut, la mer agitée qui vient de très loin. Je me sens comme investi d'une mission, et comme je déteste les ordres je pourrai que répandre le chaos. Peut-être que mon cerveau est monté à l'envers, peut-être que je passe la moitié du temps à creuser des trous et l'autre moitié à les remplir, avec la même putain de pelle.

Mais peu importe, je suis pas là pour ça. Je scrute la feuille. Je sais pas pourquoi mais j'ai mis plus d'importance dans cette foutue page blanche que dans le monde entier. Et ça y est : j'ai attrapé tous les mots comme les crabes dans le filet. Y a plus qu'à les ranger dans l'ordre. Je respire un grand coup :

Quoi de neuf, tchi, l'argent au cœur de nos vies, les dos sont courbés, je sors la nuit quand les étoiles se mettent à briller, je repense à ses yeux qui peuvent me faire vriller.

J'essaie d'oublier tu sais, que mes sapes sont conçues au prix de l'esclavage, que certains m'ont déçu, que mon esprit libre demeurera indécis jusqu'à ce que la mort me décime.

Mais bon, c'est moi qui décide quand je suis devant la feuille, le stylo il dessine, les problèmes se dissipent, comme la foudre je suis précis et électrique quand je rugis, éclectique comme un érudit.

Au bord de l'eau j'observe les vagues qui se cassent à peine naissantes, la mer qui gronde, j'ai l'angoisse dans la gorge et au fond de la tête un nuage gras et touffu qui m'étouffe légèrement.

Les plaisirs des draps me laissent sans vie, l'alcool m'engourdit et la fatigue me lessive, j'ai le palpitant éteint sans le feu qui crépite et tu sais, quand je regarde nos vies je suis dépité.

Mais j'ai du travail derrière, j'ai retroussé les manches plus d'une fois, j'ai compris les enjeux et la merde j'en redemande pas, maintenant j'arrive dans le jeu, agressif, dépressif, et je vais frapper tranchant comme la lame sur le récif.

le piège

J'ai grandi dans le piège. C'est le piège qui m'a formaté, parti de rien j'étais un être de chair, fragile, délicat, le piège a fait de moi un assemblage d'éléments. J'étais un prototype de rêveur mais ce système a changé trop de pièces et maintenant je suis cassé, faut qu'on me retape comme dans Toy Story 2.

Parce qu'en vrai, c'est rigolo tout ça, mais quand tu grandis l'étau il se resserre. Les choix sont tellement limités, grandes écoles avec à la clé un truc qui rapporte, ou bien le charbon, chantiers, caisses, champs ou cuisines de fast-foods, les dos se cassent. Et les rêves ils sont condamnés, aux latrines les rêves, maintenant c'est que de la merde. On te fait croire qu'un CDI c'est déjà pas mal, qu'un pavillon à crédit avec la putain de berline dans le garage c'est ça la vie de rêve, et tout ce que tu peux espérer de plus, c'est l'argent. Des sous, plus de sous, faut crouler dessous, faut aller les chercher chaque jour et pour faire quoi ? Chez moi j'ai pas de vue tu sais, que les clochards et les pigeons, mais j'ai claqué la moitié de mon salaire dans un canapé sans trous et des chaussures qui courent vite.

Ta seule volonté quand tu te retrouves dans un piège, c'est d'en sortir. T'es comme dans la caverne, tu veux savoir d'où viennent les ombres. Mais pour ça il faut au moins avoir conscience du problème. Parce que quand tu es né dans un putain de piège, tout autour de toi est corrompu : les valeurs, les sentiments, les idéaux et la volonté, les merdes de chien, c'est tout ton univers qui est déformé, tu vis de l'autre côté de la réalité, et pas du bon. C'est vicieux. Faut pas se tromper de chemin. Faut voir au-delà, juste un petit morceau.

Je fais de mon mieux, enfin j'espère, chaque soir quand je rentre j'essaie d'ouvrir la porte au fond des nuages. C'est le vrai monde qu'il y a derrière, sans conjoncture économique, sans spéculation boursière. Mais bon voilà, ils sont nombreux les obstacles, bien frêles mes chances de réussir. Après la journée de travail con mes membres s'engourdissent, mon cerveau réfléchit plus, je suis une carcasse sans vie, un débris qui flotte près du récif. J'ai donné toute mon énergie à la valeur ajoutée. Un robot aurait très bien pu le faire à ma place.

Je sais pas si le monde est tout noir ou tout blanc, j'arrive pas à le colorier comme ça moi je le vois que bleu électrique, un bleu vif qui s'efface progressivement quand la fatigue s'en vient m'abattre. Je descends une bouteille de vin pour laisser mes émotions vivre, rien qu'un peu. Ça marche légèrement. J'ai l'*Oeuvre au noir* entre les mains, je vois même plus les mots, je commence à avoir envie de vomir, parce que tu sais dans ces moments-là y a tout qui se mélange, c'est comme du tonnerre, cœur brisé, les allers retours dans le vent glacial, le réveil martelant à cinq heures du matin, la nourriture qui passe plus, tout est dans le mixeur, c'est l'enfer un cerveau humain. Pour m'anesthésier encore plus je traîne sur les réseaux, l'empire du creux, le marché à bas prix de la validation. C'est de la bouffe pour l'ego que je cherche. Merde.

Le temps passe, les heures fondent, sur le canapé je me décompose, demain je travaille, mon temps libre c'est comme la petite fenêtre du grenier poussiéreux qui donne sur la mer. Je me perds peu à peu dans les mécanismes piégeux qui régissent le monde auquel j'appartiens.

Je voulais écrire toute la nuit, tu sais, mais je vais juste dormir. Parfois il faut remettre à plus tard même les luttes les plus viscérales. Je glisse mon corps fatigué sous les draps bien frais. La pièce est plongée dans le noir mais j'ai quand même les yeux ouverts. Je vais juste dormir. Je vais rêver de rien.

contretemps

Tu sais j'ai déjà parlé du temps, j'ai oublié de dire que parfois il s'arrête. Heureusement d'ailleurs, sinon j'aurais déjà mis fin à son fastidieux écoulement.

Bref, je pars faire un tour de tire avec la fille, je lui ai même ouvert la portière. Elle est intelligente et chargée, je suis insolent comme une révolution, on dirait qu'on part en guerre. Nous deux contre le monde qui part en fumée. Quand je suis optimiste j'ai besoin que d'un peu de beauté pour que mon cœur vibre.

On roule vite, le soleil ce coquin il s'efface peu à peu, embrasant le ciel de flammèches rosées. Il fait chaud pour un soir d'hiver, les vitres sont ouvertes, le vent secoue ses cheveux noirs et soyeux. Un son de Yung Bleu sort de l'enceinte éclatée, il rend l'ambiance encore plus fluide, américaine. Direction ? Oubliée. Y a plus que le présent, tout le reste n'est qu'une ombre à peine discernable et la vie, enfin, je la supporte. Dehors des parfums de viande grillée commencent à monter jusqu'à nous, parce que c'est le sud. Elle, elle est sucrée, elle sent la glace à la vanille. On parlera que de nous deux, des frissons qui parcourent l'échine et des papillons qui volettent dans le ventre. Et pendant que le temps est ainsi figé, coincé dans le mouvement rotatif du moteur, les nuages ils ont disparu.

J'arrive en ville, c'est le hasard qui nous a conduits là, c'est pas le hasard si je passe mon bras derrière son siège quand je fais le créneau. On se promène dans le centre et j'essaie de me concentrer, je suis créatif et elle m'inspire, elle vit la vie comme elle respire. Bon, assez traîné jolie fille, on va rentrer dans le premier ciné, on ira voir n'importe quel film, un vieux truc mélancolique où les personnages parlent de la vie comme des profs de philo. Les billets coûteront un bras mais je prendrai des pop-corns en plus, j'aurai tout graille avant que ça commence, y a aura personne dans la salle parce que c'est la dernière séance. La nuit est tombée, l'obscurité ce soir se fait mère protectrice.

Alors que le projecteur diffuse *À bout de souffle*, j'établis des projets, elle et moi dans une suite clean baignée d'une faible lumière, un chemin semé d'embûches, le feu, les éclairs dans les yeux, et le matin son parfum qui reste encore sur moi quand je conduis, qui restera dans mon cerveau jusqu'à la fin. Plans sur la comète ou prédictions, on verra où la vie nous mène, chaque chose en son temps. J'attends le générique.

Quand on rentre dans la chambre elle jette son sac sur le lit, le contenu se répand un peu partout. Par la fenêtre je vois la ville qui nous entoure de sa présence rassurante, rien ne peut nous atteindre. La lune en croissant nous surveille avec bienveillance, la lumière est tamisée donc j'aperçois le reflet de la fille sur la vitre. C'est mon croissant.

Je réfléchis à l'enchaînement d'événements qui nous a menés jusqu'ici, à cet instant précis. La naissance de l'univers, la collision des astres et la friction des atomes, la surface du globe ravagée d'éruptions volcaniques. Et puis l'apprentissage, les grands voyages, le développement progressif des activités humaines, l'histoire, les rencontres, l'école, le verre de trop, les problèmes, la pandémie, *A bout de souffle*... Jusqu'à ce soir les yeux dans les yeux, le cosmos et ses habitants ont travaillé sans relâche depuis des milliards d'années pour que ce moment puisse avoir lieu. Je la regarde parcourir la pièce avec légèreté sur le rythme de la musique.

On a dansé sous les étoiles, comme ça. J'ai toujours eu l'impression qu'elles guidaient mes pas de toute façon.

Au réveil, merde, j'ai le crâne comme une putain d'enclume. Il pèse plus lourd que la veille. Ça m'arrive souvent de me lever et de voir tout en négatif, alors que rien ne s'est encore produit, que la journée à venir est encore remplie d'inconnu. Rien ne va, rien ne pourra jamais aller. Mes membres sont engourdis comme ma pensée. La lumière froide du matin d'hiver me chie à la gueule dès les premiers instants. Et puis y a le temps. Il s'arrête pas de passer, ce fils de chien, il passe encore et encore comme un train d'enfer. Je me demande où il va.

J'ai jamais su d'où venaient ces états d'âme aléatoires qui donnent une voix au vide. J'ai jamais trop su quoi en faire. Mais cette fois-ci j'interviens. D'un mouvement habile du cerveau je renverse la situation. Le café il est noir et brûlant. Dehors les amandiers fleurissent et le vent y détache des pétales blancs prêts à visiter le monde. Dans le lit la fille rêve encore, j'entends sa respiration calme. Alors tu vois, à court terme je m'en sors pas trop mal. Et puis y a l'avenir aussi, le seul sur qui j'ai encore un peu de contrôle. Il m'attend, rempli de promesses et de prophéties optimistes. Il a un goût de fleur. Je vais l'enculer.

connexions

Tu dois rechercher un peu d'élévation, être meilleur demain qu'aujourd'hui. Posé dans la nuit profonde j'entends le cri de la chouette au milieu des ombres. C'est le signe de la sagesse, de tout un éventail d'événements possibles nés de la réflexion. Je le sens bien ici, à la lisière de la ville, entre deux mondes. Je scrute la lune, je pense à des trucs pas nets, en demi-teinte, l'illusion dans les scrutins, l'oligarchie industrielle. Je supporte pas les trucs pas nets. Je repense aux heures passées dans le noir où j'avais l'ego démoli, où mon cœur était un trou à rats parcouru de secousses.

Dans ces moments je me posais trop de questions existentielles. C'est quoi la suite ? Où est ma place ? Dans le monde libre ? Une file d'attente ? Un cercueil ? Tout ça à la fois. Tout et rien. Rien à foutre. J'ai écrit pour trouver tu sais, c'était pas écolo, mais c'est pas rigolo ce que la vie fait.

Bon. Reprenons l'histoire où on l'avait laissée, tu veux bien ? Un cœur brisé, ça se panse. Les sentiments, ça s'efface, ça se remplace par des nouveaux plus résistants. Ça prend du temps, c'est du boulot, mais le boulot faut qu'il soit fait. Faut répondre aux questions, élucider les mystères. Je suis trop déconnecté, trop mal luné, mais je pense que j'ai trouvé un début de solution. J'étais engourdi, j'avais pas compris l'enjeu, fallait juste que je me réveille, que je voie un peu le monde avec ses vraies couleurs. J'ai vu que la vie c'était une lutte, et que tu perdais tout le temps jusqu'à ce que tu gagnes.

Tous les soirs j'ai des sons de guitare électrique qui résonnent dans ma tête quand je marche capuché dans le dehors, pourtant le monde est silencieux, en proie à ses activités, endormi, éteint, alors que moi, malgré les doses excessives de tranquillisant que j'inflige à mon foie, je perçois ses vibrations, et je sens bien qu'on est tous connectés. Tout est une question de connexions. Les connexions synaptiques dans mon cerveau abîmé, animé par l'urgence de vivre et l'électricité de la jeunesse, qui me permettent d'écrire ce que tu lis maintenant, et de faire une connexion de plus. Juste un petit grain de sable dans tout le reste. J'ai voulu qu'on se reconnecte. C'était mon point de départ.

Alors j'ai suivi ma propre recette à la lettre. J'ai pris des vieux textes, je les ai dépoussiérés pour qu'ils aient la fraîcheur métallique des temps modernes. J'ai écrit, j'avais des frissons quand je noircissais la feuille tellement que j'y mettais mes tripes. De la poussière d'étoile dans les yeux, jusque dans les artères, un zeste de connaissance et de l'instinct primaire pour entamer la répression, pour changer le monde. Je veux plus qu'il ait la même gueule, je veux que sa mère puisse pas le reconnaître.

Faudra prêter attention aux détails, aux assonances, à la vie qui se profile. Faudra tendre la main et que la poignée soit ferme. Faudra prendre les devants, parce que si on se laisse faire la vie nous enculera bien. Il faut que c'est nous qu'on l'encule, tu comprends ? Il faut qu'on se déleste de ces chaines, de cet abrutissement colossal qui nous léthargise depuis le berceau. Et ce renouveau naîtra de la curiosité, de l'épanouissement, de la création. L'ouverture d'esprit sera la clé de toutes les portes closes.

C'est à tout ça que je pense quand j'observe la nuit noire. C'est le face à face juste avant le grand combat, quand le calme n'est qu'un placide annonciateur de la tempête à venir. Je termine ma cigarette et je fais gronder le moteur de la vieille caisse. L'avenir m'inspire un peu d'inquiétude mais dans le rétro j'ai tout mon groupuscule, mes idéaux dans le fond du coffre, et des décharges violettes dans les cellules grises.

angle d'attaque

Je suis dans le salon de coiffure. Vivre ça demande un minimum d'entretien.

Des tondeuses, des billets de dix dans les établissements qui blanchissent. Le salon est blindé de mecs endormis qui attendent leur tour. Pendant qu'il fond le dégradé le coiffeur il bavarde.

« Elle répond plus trop à mes messages maintenant, enfin elle répond que quand elle veut. Elles font ça les filles, après elles regrettent. Elles te parlent de temps en temps, elles te gardent sous le coude, mais en fait elles te manipulent, tu sais. Sauf que l'amour, c'est pas censé être quelque chose de négatif, c'est censé te faire vibrer, te donner des ailes, tu vois ? Sinon ça sert à quoi ? »

Là il me fixe quelques instants en haussant les sourcils. Je hoche la tête d'un air compréhensif en attendant qu'il reprenne.

« Alors quand c'est comme ça, il faut tout de suite couper les ponts, c'est le mieux. Parce qu'après si tu as mal au cœur tu vas commencer à tout rater, à foirer tous tes projets. C'est une très mauvaise énergie et ça, ça mon pote, ça te rend vide à l'intérieur, ça te détruit lentement ».

À ce moment-là un vieil homme pénètre dans le salon avec la démarche de l'usure corporelle propre aux vieux. Il tient un carton avec dedans une lunette de chiottes. Il s'en servira pas, il dit. Les dimensions sont pas les mêmes. Est-ce que quelqu'un la veut ? Un mec la veut. Le petit chanceux, il vient se faire couper les cheveux et il repart avec une lunette de chiottes toute neuve d'une valeur de 35€. C'est ça le grand loto de la vie. C'est des portes qui se ferment à ta gueule, des rasoirs, des opportunités qui apparaissent furtivement, c'est des lunettes de chiottes.

Pendant ce temps, le coiffeur il continue : « En plus l'été arrive, alors là qu'est-ce que tu veux qu'elle s'intéresse à un pauvre coiffeur, hein ? Je suis au salon jusqu'à 22h frérot, et en plus je gagne pas de ouf. Elle, elle veut que ça brille, elle veut que le monde la regarde d'une autre façon, alors elle va sortir avec le fils du maire, avec le dealer, celui qui roule en Ferrari. C'est le bling-bling qui l'intéresse… Mais tout ça c'est que des apparences, ça sonne creux. Non, moi je te dis, faut rien attendre de la vie et des filles, il faut s'éloigner de tout ça tu sais, se concentrer sur tes propres affaires. Y a que ça qui t'aidera à avancer. Et puis de toute façon, elle te rappellera quand son nouveau mec la quittera, héhéhé. »

Comment faire avec le grand loto de la vie, peut-être que tu te poses la question. J'ai pas de réponse. Je joue pas au loto moi, autant prendre son argent et le foutre à la poubelle, tu seras moins déçu. Quand les choses marchent pas mais qu'il te reste un peu d'espoir, tu finis par compter sur la chance. Mais quand l'espoir vient à disparaître tu comptes plus que sur le travail, tous les soirs dans une pièce sombre, à l'aveuglette. Et je charbonne, tu peux en être certain.

J'ai rien répondu quand le coiffeur m'a étalé son monologue. Trop anxieux, je sais pas quoi dire devant les gens qui philosophent, ça me fait des blocages. Je lui ai tendu un billet rouge tout froissé puis je l'ai remercié pour son travail d'orfèvre. Ça suffit amplement.

Quand je suis sorti j'ai pris ma dose de vitamine D sur l'avenue pleine de vie. Le coiffeur a raison, l'été arrive. Devant moi les voitures défilent à contre-sens avec les vitres ouvertes, j'entends Alonzo qui parle de trahison et de scooters. Les oiseaux sont plus nombreux qu'avant, ils chantent avec plus d'assurance maintenant que le soleil les écoute. Les rues sont un peu plus sales quand y a pas la pluie pour les laver. J'ai du temps à tuer alors je vais faire un petit tour en ville, histoire de l'achever. Quand je marche dans la rue bien souvent je remplis les notes de mon tel, mais là je préfère observer. Chaque chose en son temps, faut absorber l'énergie du monde pour pouvoir la distiller subtilement sur la page. Faut d'abord manger pour pouvoir chier.

Mes pupilles rétrécissent à mesure qu'elles se gorgent de soleil. Les clochards se détendent avachis sur les marches de la gare, l'air tranquille, ça les fait sourire de voir qu'ils auront plus besoin des couvertures de survie pour pouvoir dormir sans crever. Les

UV agressifs effritent la peinture blanche du passage piéton. Désolé si je me répète avec le décor urbain, c'est vrai que ça peut devenir lassant, mais faut bien que je parle un peu de ce que je vois chaque jour. Les slogans politiques, les masques, les signatures insolentes sur les murs, les canettes de 8.6 qui baignent dans les flaques de pisse. Le monde tourne pas rond, il se dégrade, mais mon dégradé, lui au moins, il est carré.

Tout ça m'inspire, et quand je m'y penche ça me permet d'épancher un peu mes états d'âme si plaintifs. Je décide de m'asseoir à la terrasse d'un café pour continuer un peu le truc. La vie est remplie d'ennui et de surprises. C'est bouleversant ce qu'on peut trouver au prochain coin de rue, à la page suivante. Le serveur impoli se charge de ma commande, il a l'assurance arrogante des limonadiers. Je vais pas tergiverser. Moi le café je le prends toujours pareil, je le prends comme la vie : noir, pur, et finalement meilleur sans tous les artifices qui viennent en masquer le goût.

J'ai attendu qu'on me serve en regardant les passants pendant que le ciel s'épaississait, j'ai checké mon explorer y avait que de la merde. L'expresso a fini par arriver et je l'ai bu comme un shot. Au bout d'un moment un mec rouge vin est venu me demander l'heure, j'ai vu dans ses yeux que c'était l'heure d'arrêter de boire. Son odeur m'a rappelé des milliers de gueules de bois mélangées toutes ensemble, c'était bizarre. Je lui ai répondu qu'il était presque midi. Le temps, l'heure, les aiguilles, tout ça c'est relatif, chacun hérite de son lot et doit se le taper tous les jours jusqu'à ce que vienne le moment de faire ses valises.

J'ai pris un deuxième café, puis j'ai pris l'avion pour Paris. J'avais du pain sur la putain de planche.

monde

Merde. Je suis dans la pollution et les ordures. C'est trop.

Faut que je parte d'ici, comme la feuille qui fatalement finit par tomber de la branche. Un jour j'irai faire un petit tour autour de la Terre. J'irai voir le soleil, loin là où il brûle un peu plus la peau, là où j'enculerai l'empreinte carbone, j'irai voir la mer quand elle est transparente et que les palmiers qui l'ombragent y rappellent le goût du rhum. Les oiseaux seront là, ils chanteront dans une autre langue, et moi je profiterai de la planète qui s'embrase avant qu'il en reste plus que des cendres. Rhum arrangé dans la soute de l'avion, pour le retour je prendrai pas de souvenirs, tout sera enfoncé violent dans mon crâne, à jamais comme les notes les plus tristes du putain de piano.

Allez fini de fantasmer, j'ai autre chose à faire. On me dépose à l'aéroport, masqué jusqu'à l'œil j'ai pas pris de parfum. Un peu de patience. À force de travail, de discipline, de bons investissements, je finirai par le visiter ce foutu… Je finirai par voir le… Merde, j'ai des renvois intempestifs à cause des mojitos de la veille. Mon estomac fait des drôles de gémissements. Faudrait que je ralentisse. Je disais quoi déjà ? Ah, oui. Je disais, à force de travail, t'en fais pas, je finirai par voir le…

Monde. Je décolle. J'atterris. Des valises, des wagons, des vagos. Le mouvement c'est la clé. Mon QR code est pas seulement témoin de mon pass sanitaire. Il contient également mes différentes caractéristiques. Impatient, affamé, légèrement dépressif, lunatique, trop rêveur, obsessionnel et insolent, renfermé sur moi-même, tout ça est écrit dedans et chaque mec qui le scanne est immédiatement mis au courant de qui il a en face.

Sur ce je pars visiter un peu la ville. Paris c'est vraiment un truc à part, je m'y ferai jamais. Fait trop froid ici, ça picote les narines et les yeux. Merde, j'ai l'habitude du sud, plus ensoleillé, plus aéré tu vois, cette atmosphère-là me donne envie de me flinguer. Bref, faut pas rester immobile, je cherche la station de métro la plus proche. On s'arrête pas.

Métro, Uber, je descends des escaliers, je prends des ascenseurs, je noircis les Converse dans la foule concentrée. Champs-Élysées, Ray Ban, gros Big Mac, ici la merde est décuplée puis elle est plus rapide. Tu sais je remarque bien que le monde change, et qu'il change très vite. Il prend de la masse, il se densifie, il veut être le plus avancé, le plus beau, il veut tous les superlatifs. Si tu peux pas changer avec lui le monde vivra sans toi, il te laissera sur le côté comme quand tu t'arrêtes pour faire tes lacets mais que personne t'attend. C'est pas sympa mais c'est comme ça.

Pour changer de décor je me faufile jusqu'au

XVIIIe, je grimpe tout en haut de la butte. Les hauteurs ça a son charme, enfin moi ça me permet de respirer. Une fois là-haut ça dégueule des touristes évidemment, mais la teinte progressivement orangée du ciel annonce la venue du crépuscule, mon moment préféré de la journée. Je m'en frotte les mains.

Le Sacré Cœur, j'en ai un peu rien à foutre pour être honnête, mais venez pas m'emmerder. De toute façon je suis sous vodka. Quand je me retourne, là enfin, un sentiment intense en moi s'éveille. La ville se montre d'en bas, je la dévisage et elle me scrute en retour. Ça me fait frissonner le ventre. Je sais qu'elle fourmille de possibilités, d'immondices, de promesses. Les idées y fusent, les nouveautés s'y propagent, les pauvres y crèvent. Mais je vais pas faire le personnage de roman, je suis pas un connard incapable des livres de Flaubert, moi la ville et ses promesses j'y envoie mon doigt du milieu. Je me débrouillerai mieux loin des apparences, du creux, du vide optimiste dans lequel certains baignent par les temps qui courent. Je prendrai un shot de trop plein et j'irai de l'avant, ça fera trembler les rues de la capitale.

Non sans rire, je me demande ce que je suis venu chercher ici, sur le balcon de Paname. Ces temps-ci mes mouvements et mes choix ne sont jamais anodins. Qu'est-ce que je vais ramener dans ma valise ? Je crame une cigarette avant de redescendre. C'est pas maintenant que je répondrai.

Le soir je me retrouve dans un bar parisien, je donne deux heures de salaire pour chaque verre. J'ai donné quelques pages à quelques personnes aussi, et quand le papier est passé d'une main à l'autre j'ai eu l'impression de confier quelques bouts de mon cœur. C'est surtout pour ça que je suis là, les interactions peuvent pas demeurer virtuelles, parfois faut allier le visu. Rdv, poignées de mains, les connexions sont topographiques, mes déplacements quand vient l'ivresse deviennent holographiques. J'ai voulu décupler mes écrits et je me suis perdu entre deux excès, la fatigue m'abat, la crise de nerfs approche, un taser dans chaque main. Pourtant je m'arrête jamais vraiment de travailler, même quand l'alcool finit par me faire valser. La vie c'est pas des putains de vacances. En rentrant la chambre se transforme en cale de bateau, ça tangue bien fort. Je dormirai sans faire de rêves comme d'habitude, avant de recommencer.

Au petit matin je dois déjà repartir. Mon séjour fut bref, expéditif, t'as vu ça tient sur trois pages et encore j'ai brodé. Je bâcle la vie. Lundi je dois être au charbon avant l'aube. Masqué au milieu d'un grand boulevard parisien dont j'ai oublié le nom je tâte mes petites poches. Dedans pas assez pour rentrer malheureusement, je vais devoir taper dans l'argent de la banque. Banque de France, Air France, les sous s'envolent bien je peux te l'assurer, pour les faire rentrer c'est pas la même histoire. Mais peu importe, ça valait le coup.

En voyageant je me rends compte que l'idée du monde que tu te fais depuis ta naissance peut assez facilement changer. Rien n'est gravé dans le marbre, rien n'est jamais fixe et ton point de vue peut toujours s'adapter. Pour ça qu'on vit tous différentes réalités et qu'on a tant de mal à se comprendre. Ce qui compte c'est d'évoluer, sans faire trop de mal aux autres. En apercevant les différentes destinations dans l'aéroport d'Orly je comprends que je suis citoyen du monde. Je vois plus de patrie, plus de frontières, et sur mon drapeau y a un doigt d'honneur qui se dresse, blanc sur noir. Covid a ralenti mes déplacements mais ma spécialité c'est rattraper mon retard, dans tous les domaines. Un jour je partirai à Londres, pour entendre comment ils parlent, puis j'irai en Afrique du Sud me rapprocher de l'Antarctique. Mexique, Japon, Thaïlande, Pays-Bas, j'irai baiser le monde entier d'un coup de rein enjoué. La planète me remerciera. Je retournerai dans mon petit appart la tête pleine de bons souvenirs, les coucougnettes bien vidangées. Ça sera ma petite vengeance.

    Quelques turbulences, des sandwiches au pâté dans du papier alu qui empestent la cabine. J'ai Brent Faiyaz dans les oreilles et je reste assis bien sagement au milieu des autres en attendant d'avoir ma propre soucoupe volante. Par le hublot je vois les éclairs parcourir le plafond nuageux. Vision apocalyptique. Ça me donne envie de sauter de l'avion sans parachute, pour voir si je serais foudroyé par cette électricité si puissante, pour voir un peu l'effet que ça ferait de traverser cette couche épaisse de nuages obèses.

Quand je rentre je pose mon carnet sur la table. C'est déjà tard, il me reste plus que 5h de sommeil. Va falloir que je divise tous ces textes en chapitres distincts, sûrement trois, entrée plat dessert, thèse antithèse foutaises. Ma bite et mes couilles. On est au cœur de la création.

Je vais essayer de pas trop voir les choses en grand, je pense que le plus important c'est de faire grandir les petites choses une à une. Regarde Paris. C'est un amas de petits trucs mis les uns à côté des autres. C'est pas un immeuble géant, seul au milieu de rien.

Je vais essayer de m'apaiser, de prendre le monde comme il vient, de faire face à l'imprévu. Je prendrai ce que la vie me donnera, et peut-être un peu plus. Je pense qu'on finit toujours par comprendre, au final. Je pense que je sais ce que je suis parti chercher en voyageant. Je sais ce qu'il y a dans ma putain de valise.

Des putains de nouvelles clés.

Pour ouvrir encore plus de putains de portes.

civil

Bénis soient les ignorants. Avoir la conscience tranquille c'est un luxe de nos jours, j'essaie d'y parvenir et je préfère ça qu'un sac Louis Vuitton. Parce que tu vois, mes chances de réussir sont infimes pourtant je fais semblant de pas le savoir. Passé un certain point, réussir c'est qu'une question d'esquives. J'esquive le job alimentaire, le stress chronique, j'esquive la pauvreté, les notifications, l'asservissement, les abrutis, les bons et les mauvais conseils, le sommeil, l'artificiel et le creux, j'esquive les foutus loisirs et la relaxation. C'est pas forcément sain. J'ai gardé que l'esprit libre et la volonté, c'est tout ce dont j'ai besoin pour rester plus concentré qu'un putain de jus de fruits.

Je sirote une briquette en marchant seul dans le putain de tunnel. C'est le début de la soirée. Mes pas résonnent, leur écho c'est la symphonie des allées sombres. Au bout de la paille ça fait le bruit de quand y en a plus. Je vais pas la jeter par terre à cause de la pollution, du plastique dans le ventre des tortues. En plus y a déjà assez d'ordures qui pourrissent le sol, des squelettes de rats, des canettes, des matelas galeux. Je continue mon chemin pendant que le sucre monte. J'ai pas arrêté d'écrire, tu sais, tous les jours, tard ou tôt, avant et après tout le reste. J'ai passé du temps dans le tunnel à longer les néons, et au bout d'un moment faudra bien que j'en sorte. Je veux pas faire partie du décor, au pied du mur comme si je suis arrêté par la vie. Moral à zéro, fils de pute, j'attends de percer.

Mon frère me récupère au milieu du boulevard vide, je grimpe dans la caisse, on démarre. Les rues défilent pendant que la basse fait vibrer la vitre du rétroviseur. Pop Smoke. *Tunnel Vision*. Les percussions de la drill tracent le rythme de mes pensées qui fusent. Ces dernières semaines je suis rentré dans un état d'anomie, c'est-à-dire que j'avance à l'aveugle mais j'avance quoi qu'il en coûte, et je n'obéirai qu'à ma propre vision des choses. Je suivrai ce chemin jusqu'à avoir terminé le travail, et ensuite on pourra marcher main dans la main. On pourra être en détente.

Parce que je regarde le monde, je regarde ce que les gens font et tout ça me lasse, j'ai l'impression de me transformer en cyborg, un peu plus déconnecté chaque jour. Sale temps pour vivre ici, y a tout qui crève, pas d'armistice, y a que des grèves. Je me sens pas trop libre quand j'y pense, je paye les factures, je fais dodo, mais j'ai de la chance les petits meurent dans les mines de coltan et j'ai publié ça sur leur dos.

Et je vais faire quoi pour changer ça, à part y écrire mes mascarades ? Comme disait mon prof de sport au collège, faut pas se leurrer. Le siècle 21 m'a affaibli. J'ai passé mon adolescence à explorer les failles du système scolaire et à subir l'ennui académique. Je m'adaptais pas vraiment mais j'étais là, j'attendais que ça passe. Au bout d'un moment ça a fini par passer et après ça je savais plus quoi faire. J'ai trimbalé mon seum des mois durant en réfléchissant à ce que j'étais devenu, je sentais bien qu'il était massif. La vie est passée par là, elle a fait ses secousses et ses ravages, elle a pris ce qu'elle voulait. Alors pour avancer j'ai suivi ma propre thérapie. Je me suis concentré sur la douleur au lieu de l'oublier, comme un acharné, pour en extraire les moindres essences et faire une putain de recette ancestrale. J'ai bu ça comme du Nesquik.

On s'arrête en double-file, je rentre dans l'épicerie 24-24 complètement vide et j'y achète une bouteille de whisky. Elle va être dégueulasse, c'est marqué sur l'étiquette. Mais faut privilégier le commerce local. Dehors le temps est électrique, les nuages sont tout gonflés, prêts à se vider sur la terre sale. J'ai payé en billets, ici y a pas de machine à carte. Je suis remonté dans la voiture sans traîner. Quand mon frère a fait gronder le moteur j'ai entendu le ciel gronder avec lui. On se rapproche de la fin, je le sens bien.

Si j'avais une planète rien qu'à moi, unique propriétaire, y aurait des chiots partout, des gaufres, un sens aiguisé de la liberté, et aussi la plus belle des femmes. Mais bon on y est pas encore, des mégalomanes commencent à peine à envoyer des riches dans l'espace, c'est pas demain la veille que mon utopie aura sa place dans l'univers. Moi je suis un rêveur, j'imagine déjà un autre système.

Faut qu'on se mette à penser par nous-mêmes, à s'entraider dans nos projets respectifs, faut qu'il y ait du partage et de l'originalité. Si tu tombes dans le piège étriqué d'une pensée têtue, unilatérale, tu pourras pas t'en sortir. Y a rien de plus beau qu'une pensée neuve, et la silhouette de celle aux cheveux noirs aussi. Alors desserre un peu les liens, défonce les portes qui résistent. Je veux voir du feu dans les pupilles. Je veux voir la terre trembler.

Pour avancer j'ai creusé, j'ai fait du chemin à travers les routes sinueuses de ma caboche abîmée, j'ai ouvert un max de portes, explorant toutes les voies comme un érudit. J'ai voulu dépecer la nature de l'homme. Le but c'était de répondre aux questions, c'était que chaque étape me rapproche un peu plus du sommet, des hautes cimes, là où le soleil tape un peu plus fort et où le bruit se fait un peu moins entendre, là où te réveille enfin la gifle du vent. Avec les aigles. J'ai trouvé la solution, tu sais, à tous nos problèmes, quelque part entre une carte-mère et l'île des Sentinelles. Partir en roue arrière dans la jungle, survoler tout comme un faucon, comme un drone. Tu comprends un peu ? Une danse formidable, le futur et le passé qui s'enlacent pour améliorer le présent. Et devant les crevasses florissantes de mon iris, mues par les électrons dont l'héritage ancestral provient des confins de l'univers, je place le viseur à capteur thermique, qui me permettra d'éliminer les éventuels dangers, plus méthodiquement qu'un ordinateur, plus sauvagement qu'une bête féroce.

Assez rêvassé, je vais développer ma vision, je vais l'écrire. Pendant qu'on roule j'ai l'impression que les éclairs foudroient le bitume autour. On est sur la route du succès, flashés à 180 pour excès de tristesse. Dans tous les angles morts comme des fantômes.

Dehors ça commence à sentir le sel, on rentre dans un tunnel noir. J'aperçois un peu de lumière au bout, tout au fond, un maigre filin. Je sais bien que je finirai par en sortir même si le chemin est long. J'ai une putain d'ampoule en forme d'idée à la place du cerveau. Tellement que quand je marcherai enfin hors de l'obscurité, je ferai plus de lumière que le Soleil.

Je vais bientôt arrêter de blablater, t'en fais pas, mais je veux que tu gardes espoir même si tu traverses une sombre saison. Dans la tempête faut trouver ce qu'on peut pour pas crever. Faut s'accrocher au moindre débris. La pluie battante m'a bien cassé la gueule, mais j'ai trouvé ma plume. Elle m'a un peu pansé, quand j'y pense.

para bellum

Je cherche plus la tranquillité d'esprit. Je la trouve que dans les paradis artificiels, les montagnes russes, les pièges qui te laissent plus vide qu'au départ.

Non, ce que je cherche maintenant c'est la paix, autour de moi, dans le monde, au moins un petit bout. Les blessures de la vie m'ont débarrassé de certains sentiments, j'ai le cœur tout froid, à l'épreuve des balles et des lames des traîtres.

Alors je prends mon courage à deux mains, le taureau par ses putains de cornes quand il voit rouge, je nage sans brassards parmi les requins et les murènes, dans l'arène rutilante du monde moderne. Il paraît qu'il nous faut à tous une raison de vivre, moi je vis pas je travaille, dans l'ombre de mon existence étroite, pendant que les autres se rougissent la gueule au soleil. J'ai compris que le monde avait ses torts et ses travers, et que seule la lutte de l'esprit pouvait le mettre à l'endroit. J'ai décidé de plus endormir mon cerveau.

Et j'ai la haine quand je vois les clochards sans jambes hurler à la mort en bas de ma rue pendant que des ignorants tartinent leur bœuf avec de l'or, j'ai honte que le monde soit régi de cette manière, sans équilibre, sans saveur essentielle. Et puis je vois que l'esprit de certains s'est fermé, poussiéreux et vide. Tout ce qui les intéresse c'est baiser sans capote et faire du jet ski à Dubaï. Plus d'ouverture d'esprit, plus de curiosité, impossible pour eux de voir plus loin que leur feuille d'imposition.

Et puis merde, rien à branler, qu'ils continuent leur grand dodo pendant que la plastique recouvre la terre. Moi mon flingue est chargé, avec des mots, des paroles acides, pour faire des trous au milieu des code-barres, les rendre illisibles. Et les dégâts sur le système ils sont présents même si tu les vois pas encore, comme une hémorragie interne.

J'ai aucun parti, aucun dieu, que mon stylo et ma pensée que j'essaie de figer dans l'éternité. Je vois bien que la route est infinie, parsemée de serpents et de rats, vicieux les obstacles et les mirages. Pour voir mieux j'ai dû m'élever, mater ça d'un peu plus haut, recouvrir le tout d'une encre acerbe. Tu croyais que j'étais un aigle, alors que je suis un dragon. Tu croyais que c'était le déluge, t'avais raison, mais moi je vogue dessus sans trop de problèmes, dans la cale j'ai des litres de rhum et mes idées noires qui vont changer le monde. Les rivages sont houleux. La destination est incertaine. Il me reste encore un peu de place.

Bienvenue à bord.

point final (épilogue)

J'ai des pensées bleu ciel quand je traverse la ville en vago et que c'est le crépuscule. Pendant quelques instants y a un truc en plus, je sais pas si c'est dans l'air du temps, ou dans le rafraîchissement soudain de l'atmosphère, mais c'est là. Et puis moi aussi, je suis encore là.

Le jour s'amenuise, je fais l'ascension jusqu'à un perchoir anonyme pour observer tout ça. Y a eu des tempêtes, quelques naufrages mais on est toujours vivants. Ça se fête. Je pète une énième bière. Le vent a tourné, je le sens se perdre dans les feuilles des platanes. Je sens mon cœur battre en même temps que la Terre parce qu'on s'est accordés. On a mis derrière les grands tourments et la foudre, on a lutté comme il se doit.

Alors que je vois le soleil rougeoyant croquer l'arrête irrégulière de la montagne, je sais que je vais pouvoir dodo tranquille, avant de reprendre le travail, un peu plus tard.

J'ai fait ma part, maintenant c'est l'heure de tourner la dernière page. Pense à bien t'hydrater, c'est important.

Et n'oublie pas : le point final, c'est juste un au revoir.

Table des matières

I - PRESSION

verbal	7
crocodile	11
personnage principal	13
dorsaux	17
graille	19
crise	21
l'artiste	25
sabre	29
angoisse	33
sabotage	35

II - DÉPRESSION

état d'âme	41
cascade	43
l'hiver dure	47
nuit	51
dodo	55
méduses	59
errance	63
cœur vibre	67
6 dogs	69
falaise	73

III - RÉPRESSION

sans titre #71	77
gronde	81
le piège	87
contretemps	91
connexions	95
angle d'attaque	99
monde	105
civil	111
para bellum	117
point final (épilogue)	119